J.ETTIRD

ANDRÉ LAJEUNE VILAR

LES

Coulisses

DE LA

Presse

MŒURS et CHANTAGES du JOURNALISME

PARIS
A. CHARLES, LIBRAIRE
8, RUE MONSIEUR-LE-PRINCE, 8

1895

LES COULISSES DE LA PRESSE

ANDRÉ LAJEUNE VILAR

Les Coulisses de la Presse

MŒURS et CHANTAGES du JOURNALISME

PARIS
A. CHARLES, LIBRAIRE
8, RUE MONSIEUR-LE-PRINCE, 8

1895

PRÉFACE

Depuis huit années j'attendais patiemment l'occasion propice pour dire publiquement ce que je sais, ce que je pense d'une partie de la presse parisienne.

Cette occasion se présente aujourd'hui que ces scandaleuses affaires de chantage — éclatant subitement dans un monde qui se croyait tout permis — ont attiré l'attention publique sur des mœurs et des usages qui n'étaient d'ailleurs pas un secret pour quiconque vit dans un milieu politique ou financier.

J'ai été certain jour victime d'une campagne de presse. Pendant une dizaine de jours j'ai été l'objet d'une série d'attaques injustes, d'outrages inqualifiables, de diffamations ridicules, et ces articles ont été d'autant plus violents, d'autant plus impitoyables qu'on cherchait à atteindre d'autres personnalités et qu'on savait que je supporterais tout pour ne pas laisser atteindre ceux que l'on visait par-dessus moi. Il est vrai que quelques-uns de ceux-ci, assurés de mon silence et de mon honnêteté, se sont empressés de me lâcher indignement, oubliant même le souvenir des services rendus.

Malgré tout ce qu'il ont pu dire contre moi, aucun de ceux qui m'ont ainsi vilipendé et traîné dans la boue n'a pu écrire ni arguer à mon encontre un seul acte malhonnête, deshonorant ou incorrect.

C'était déjà une consolation qui me suffisait. J'ai été simplement victime de la jalousie et de l'envie de quelques confrères; de la naïveté et de l'entraînement de quelques autres qui avaient emboîté le pas à cette campagne, ignorant les véritables mobiles qui avaient fait agir les promoteurs de ces attaques.

Certes, je ne saurais garder rancune aux journalistes qui m'ont pris violemment à partie, parce qu'ils me considéraient comme un de leurs anciens coreligionnaires passé dans le camp opposé. N'étant pas républicains ils avaient le droit de me rappeler mon passé politique, quelque court qu'il ait pu être et malgré mon jeune âge. Mais je n'ai pu garder le même sentiment d'oubli envers ceux qui depuis six ans me savaient dans les rangs du parti républicain, et leur devoir à ceux-là était ou de se taire ou de me défendre. Il est vrai qu'aujourd'hui on est moins regardant, car il suffit d'être rallié à la République depuis quelques semaines pour être comblé de faveurs et de places — sans avoir même rendu le moindre service. Les temps ont changé. On ne s'attaque plus aux gens par jalousie ou sans motif. On est plus « fin de siècle ! » Lorsqu'on attaque quelqu'un, on vise sa caisse, et pour quelques billets de mille francs on distribue à quiconque un brevet de républicanisme ou d'honnêteté.

Le second et dernier grief que l'on me reprocha fut d'avoir été fondateur et membre du comité d'un cercle. J'estime que cela ne pouvait en rien entacher mon honorabilité d'être le collègue de personnalités connues et toutes jouissant dans le monde de la presse et des arts de la considération la plus haute ! En tous cas, depuis huit ans, on ne peut plus m'adresser ce reproche. Je n'ai plus rien de commun avec cette affaire.

Malgré tout, je n'ai point eu l'intention de faire œuvre de vengeance personnelle en écrivant les *Coulisses de la Presse*. J'ai voulu surtout écrire une étude vécue et réelle d'un monde et d'une profession qui compte beaucoup plus d'honnêtes gens que de malandrins. Malheureusement, ceux-ci, quoique infime minorité, sont les plus audacieux, les plus bruyants, et par eux on juge à tort tous les autres.

Les malandrins, je n'ai pas à les craindre et je suis homme à accepter vis-à-vis d'eux toute la responsabilité de ce que je dis sur leur compte. Quant aux autres, ils ne pourront m'accuser de mauvaise confraternité, je fais avec assez de netteté les distinctions qu'il importe d'établir. La confraternité ne saurait consister à laisser déconsidérer toute une profession par quelques douzaines de maîtres-chanteurs, malgré tout leur aplomb, malgré toute leur audace, malgré toute leur morgue.

A. LAJEUNE-VILAR

LES COULISSES DE LA PRESSE

MŒURS ET CHANTAGES DU JOURNALISME

CHAPITRE Ier

La presse d'autrefois et la presse d'aujourd'hui. — Les journaux à trois sous et les journaux à bon marché. — La nouvelle presse à un sou. — Les journaux à informations télégraphiques de province. — Concurrence à la presse de Paris.

Avant l'établissement du régime de liberté dont jouit la presse, les journaux étaient assujettis au dépôt d'un cautionnement et cette obligation était souvent l'obstacle le plus sérieux à la création de nouveaux organes. Sous l'Empire, ils étaient de plus soumis au régime du timbre, et cet impôt très dur à supporter était le principal empêchement à la propagation de la presse à bon marché. Le journal à un sou était chose à peu près impossible et la déconfiture de la première Société du *Petit Journal* en fut la démonstration évidente.

Le journal, qui avait à payer un droit de timbre et le coût d'un transport onéreux, ne pouvait pas matériellement être vendu cinq centimes en province, car après défalcation de ces deux sujets de dépense, il fallait prévoir la remise aux vendeurs, et la vente représentée par deux centimes à peine ne suffisait pas pour couvrir les frais de papier, de tirage, d'imprimerie et de rédaction, etc. A ce double état de choses doit doit être attribuée la débâcle de Polydore Millaud qui, malgré les tirages considérables de son *Petit Journal*, malgré Rocambole et Troppmann, fut acculé à la faillite.

Le gouvernement de la République, en supprimant le droit du timbre, réalisa donc en faveur de la presse une première réforme importante.

En effet, il se créa aussitôt, tant à Paris qu'en province, une multitude de journaux à un sou dont le succès fut très grand, et, fait matériel à signaler, les journaux obtenaient en majeure partie le résultat de leur prospérité par la seule vente de leur papier et par les seules annonces commerciales de leur quatrième page.

De cette époque date la fondation du *Petit Marseillais*, du *Petit Lyonnais*, de la *Dépêche* et de divers autres organes qui ont acquis plus tard une si grande importance. La plupart de ces journaux étaient créés pour la défense de la politique républicaine et ils profitèrent du courant de l'opinion publique ; les autres journaux qui existaient étant les organes du parti impérialiste, lequel avait pu les subventionner et les faire vivre pendant vingt ans, sous un régime permettant de créer un véritable monopole au profit des journaux de gouvernement.

Cependant dans les grandes villes, telles que Lyon, Marseille, Toulouse, Bordeaux, Lille, etc., la cause royaliste avait des journaux, mais ceux-ci ne vivaient que par les subventions d'un parti riche, disposé à faire des sacrifices pécuniaires.

A Paris, les vieux journaux, excepté le *Temps*, le *Siècle*, le *Rappel*, étaient les défenseurs de l'Empire ou du parti clérical. Il paraissait bien de temps à autre de nouveaux journaux d'opposition, tels que la *Cloche*, la *Marseillaise*, le *Mot d'Ordre*, etc., mais, au bout de quelques mois, les journaux succombaient successivement sous une série de condamnations ruineuses. On connaît l'histoire fort drôle de la *Marseillaise* dont un journaliste dépourvu de talent, insuffisant et inconnu, s'improvisa lui-même rédacteur en chef, parce que tous les autres rédacteurs étaient à Sainte-Pélagie. Rochefort a rappelé cette aventure plaisante à l'époque où le personnage, un opportuniste de marque, est devenu ministre de la Justice.

Mais si le nombre des journaux était alors moins grand qu'aujourd'hui, si les journaux avaient à supporter des charges plus lourdes, leur moralité était peut-être moins attaquée qu'en ce moment, non pas que les journalistes fussent plus probes, plus honnêtes, mais parce que les journaux ayant moins de concurrence, rapportaient davanvantage et étaient administrés d'une façon plus scrupuleuse, moins cynique.

Nous n'en étions pas encore à l'exploitation « fin-de-siècle. »

Villemessant qui, le premier, inventa dans le journalisme certaines branches, celles qui aujourd'hui rapportent le plus dans un journal et qui sont même exploitées très honnêtement et très correctement, fut, à cause de cela, fortement attaqué par les confrères jaloux de son succès. Quel est celui qui oserait actuellement reprocher à un administrateur intelligent et avisé de tirer tout le parti possible de son journal, du moment que cela est fait proprement, correctement, commercialement? Faire payer une réclame insérée à la première ou à la deuxième page, et dans un article spécial, plus cher que l'annonce publiée en quatrième page, est chose toute naturelle. Le commerçant y trouve son avantage, et aussi l'administration et la caisse du journal. Certains cependant crièrent au scandale! Les temps sont bien changés! On ne s'émeut plus pour si peu!

Le régime de la loi de 1881, instituant la liberté de la presse, supprimant le cautionnement, donnant même à la diffamation et à l'outrage une liberté à peine réprimée, a complètement transformé l'industrie de la presse. La diminution du prix des expéditions par messageries, la suppression de l'impôt sur le papier, ont complété les facilités accordées aux journaux, en diminuant les frais et les dépenses nécessaires. Aussi a-t-on vu les journaux naître et disparaître, et les vieux organes s'en aller avec la mort de leurs derniers abonnés, tandis que parmi les nouveaux beaucoup subsistaient et prenaient même dans la presse une place prépondérante. A cause de la diminution des frais, afin de soutenir la concurrence ou pour se faire une place, on en est vite arrivé au journal à un sou, complet, bien informé, littéraire et imprimé sur beau papier, exemple : *Le Journal*. Aussi peut-on dire des journaux français que, s'ils ne sont pas les mieux faits, ils sont du moins les moins chers. A l'heure actuelle il ne subsiste plus que deux journaux importants à trois sous : *le Figaro* et *le Temps*, tous deux prospères.

La presse à deux sous qui avait fait autrefois un si grand tort à la presse à trois sous, se meurt d'inanition ; elle est presque toute entière en état de décrépitude, la clientèle s'étant portée vers les journaux à un sou, qui sont aussi bien rédigés, aussi bien informés et souvent mieux faits.

La presse parisienne a eu aussi à subir un autre coup terrible. Non seulement il y a, à Paris, trop de journaux et, par conséquent, pas assez de lecteurs, d'abonnés ou d'acheteurs pour chaque journal, mais il s'est produit une autre cause de la diminution de cette clientèle.

Par l'abaissement du prix de transmission des dépêches télégraphiques, par la facilité accordée aux journaux de province de posséder la propriété pendant plusieurs heures d'un fil spécial dont ils ont eu à payer l'installation, on a permis aux journaux de province de concurrencer leurs confrères de Paris, de telle façon que lorsque ceux-ci parviennent en province, les articles qu'ils publient ont été déjà reproduits et lus dans les journaux locaux parus la veille ou depuis plusieurs heures. Il est, par conséquent, facile d'expliquer la mévente en province des journaux parisiens. On comprend pourquoi la presse parisienne, qui n'a que peu ou point de recettes en province, est obligée de faire flèche de tout bois, et il n'est pas besoin d'ajouter que ceux qui ne se vendent pas beaucoup à Paris se vendent moins encore en province, et finissent, pressés par les besoins d'argent, par employer tous les moyens aptes à faire rentrer quelque argent dans la caisse toujours vide de leur administration.

CHAPITRE II

Les diverses sources de recette d'un journal parisien. — L'abonnement. — L'annonce. — La réclame. — Le Bulletin financier. — Les Fonds secrets du Gouvernement. — Les subventions des Gouvernements étrangers. — La Société des bains de mer et du Casino de Monaco. — Les campagnes de presse. — Vénalité de certains journaux. — Distinction nécessaire entre les journalistes et les directeurs. — Les professionnels.

Un journal quotidien a diverses sources de recettes. D'abord, les abonnements, puis la vente au numéro, les annonces, les réclames et le bulletin financier.

Les abonnements deviennent de plus en plus rares, surtout à Paris; les journaux étant mis en vente partout, le lecteur pour avoir son journal plus vite, préfère acheter tous les jours le numéro, que de s'abonner. Et malgré les primes alléchantes pour attirer l'abonnement, celui-ci diminue de plus en plus. C'est une perte sérieuse pour les journaux, car l'abonné paye d'avance et cet argent est sûr, tandis que l'achat au numéro dépend d'un caprice et peut manquer pour les causes les plus variées.

L'annonce est aussi une des recettes les plus importantes des journaux. En certains pays, en Angleterre, en Amérique, en Espagne, elle est plus usitée qu'en France. Elle se multiplie d'autant plus qu'elle n'est pas chère. Chez nous, au contraire, au lieu de se répandre, elle se restreint et les causes en sont d'abord que l'annonce est fort chère, et ensuite qu'elle est monopolisée par des agences toutes syndiquées, et qui prélèvent une bonne part des bénéfices. Il est même difficile de savoir exactement la part des intermédiaires, puisque ces agences ont avec les journaux des traités où le quantième des prix à payer aux journaux est fixé, mais il n'est pas établi de limite pour le prix à exiger de ceux qui font les annonces.

La réclame se publie dans le corps du journal. Elle est naturellement plus chère que l'annonce de quatrième page. Elle est aussi plus difficile à recueillir, il faut des hommes spéciaux pour l'obtenir, et naturellement ces courtiers se paient, et se paient même fort cher; mais si la réclame est très usitée dans certains journaux, tels que le *Figaro*, le *Petit Journal* et deux ou trois autres organes plutôt littéraires et mondains que politiques, elle l'est beaucoup moins dans la plupart des journaux politiques, et notamment dans les journaux à un sou.

Enfin, il existe un autre chapitre de recettes : le bulletin financier.

Avant le krach de 1882, et même jusqu'à ces dernières années, les bulletins financiers apportaient un gros appoint au budget des journaux. La catastrophe de Panama et la chute des banques d'émission ont fait baisser les recettes. Tel journal qui avait son bulletin financier affermé cent vingt mille francs par an, n'en retire plus que quarante à cinquante mille francs, et certains n'en obtiennent même pas le quart de cette somme.

Donc, toutes les sources de recettes s'épuisant plus ou moins, il ne faut point être surpris que l'industrie des journaux ne soit pas prospère. Et si les journaux riches éprouvent une baisse dans leurs recettes, il est compréhensible que certains organes en soient réduits à rechercher des ressources occultes et souvent malpropres, plutôt que de disparaître simplement.

Dans l'énumération des recettes des journaux, il est impossible de ne point parler des fonds secrets distribués à la presse.

Tous les ministres passés ou présents ont déclaré à la tribune du Parlement que le budget des fonds secrets n'était pas établi pour être distribué aux journaux. Eh bien, je mets au défi n'importe lequel de ces ministres de déclarer sous serment et de dire sérieusement qu'il n'a pas donné des fonds secrets à des journaux pendant son passage au ministère de l'Intérieur. Et ceux qui auraient cette audace, n'oseraient certainement pas ajouter qu'ils ne se sont jamais servis d'un subterfuge pour donner cet argent, s'ils ne l'ont pas fait sans détour. D'ailleurs, je sais, et je ne serai pas contredit en l'affirmant, que tel ministre qui n'a plus de fonds secrets à sa disposition, n'hésite pas à prier le Directeur de telle ou telle autre Société financière, — n'ayant rien à lui refuser, et ne pouvant rien refuser au ministre de l'Intérieur, — de donner à un journal ami les dix ou vingt mille francs dont il a besoin. Cela s'est fait souvent, et il est probable que cela se renouvellera encore.

Ces journaux, qui emploient leur encre à chanter les louanges d'un ministre et d'un gouvernement supportent les conséquences de leur faute. Ils ne peuvent être aussi amusants et aussi attrayants que les organes de l'opposition qui exercent leur verve et leur esprit à attaquer les gens du pouvoir. Aussi le lecteur préfère acheter les journaux qui l'intéressent et l'amusent et il délaisse les feuilles ministérielles. En donnant à celles-ci quelques miettes de ces fonds secrets les ministres font compensation. Très mauvaise opération d'ailleurs, autant pour le ministre que pour le journal, car les journaux qui se paient ainsi sont ceux qui ne valent rien, et les journaux, à défendre des ministres, peut-être impopulaires, achèvent de perdre les quelques lecteurs qui leur restaient.

Malheureusement il n'y a pas que des ministres français qui distribuent de l'argent à la presse française. Certains gouvernements étrangers en font autant. Il n'est mystère pour aucun journaliste que des mensualités sont distribuées à quelques journaux par des agents de l'étranger, qui ont pour prétexte la défense des intérêts financiers de leurs pays. Il n'en est pas moins vrai que le gouvernement qui fournit cet argent a droit de compter sur la bienveillance du journal qui l'a accepté ou demandé, et c'est conséquent.

La Société des Bains de mer de Monaco ne doit pas être oubliée non plus dans cette énumération des affaires pour les journaux.

Pendant longtemps, Monaco a distribué de très fortes sommes aux journaux pour prix de leur silence. Depuis quelques années, elle a couvert d'un voile à demi-transparent cette subvention trop cynique, et les traités passés par elle avec la presse feignent maintenant d'avoir la publicité pour objet. Tous les journaux subventionnés doivent publier un nombre déterminé d'articles et d'échos, qui vantent les beautés du littoral, les flots azurés de la Méditerranée ou les mérites des grands artistes en représentation à Monte-Carlo, et il est inutile d'ajouter qu'il n'est jamais question, dans ces articles communiqués, ni de la roulette, ni du trente et quarante, ni même des suicides des décavés du Casino.

Enfin, comme ressource occulte, il y a encore ce que certains journaux appellent une « campagne de presse ».

Les soldats qui partent en campagne sont exposés aux blessures, aux maladies, à la mort. Les directeurs de journaux qui font une « campagne » risquent simplement de revenir bredouilles et de ne rien rapporter de ce qu'ils recherchaient à grand fracas.

C'est surtout depuis que la presse de Paris est, en majorité, dans les mains de gens qui se sont improvisés, un beau matin, directeurs de journaux, sans avoir écrit de leur vie une ligne, que cette funeste pratique des « campagnes de presse » est usitée et même honorée dans certain monde.

Les journaux qui font les « campagnes » ont en vue un double résultat: une augmentation du tirage, ou une somme importante à en retirer. Ceux qui n'ont pour but que l'augmentation de leur vente ne peuvent être blâmés, puisque toute affaire de journal doit reposer sur une affaire commerciale pour devenir une affaire productive. Et une campagne de presse qui fait monter le tirage rentre absolument dans la catégorie des opérations licites, correctes et intelligentes dont un bon directeur de journal a le devoir de se préoccuper. De plus, lorsqu'elles répondent au sentiment du public, aux besoins de l'opinion, il est tout naturel de prévoir que beaucoup de gens que la question intéresse achèteront le journal. Et, lorsque la « campagne » est terminée, beaucoup de ces lecteurs occasionnels se sont habitués à la lecture du journal et ils continuent à l'acheter.

Lorsque le *Rappel* a entrepris la « campagne » en faveur des employés de la Compagnie des Omnibus contre les abus de cette compagnie qui soumettait ses employés à un surmenage abusif, le tirage de ce journal a beaucoup augmenté. Il est tout naturel, en effet, que ceux dont on a ainsi défendu les intérêts continuent à lire l'organe qui, le cas échéant, recommencerait à soutenir leurs droits et leurs prétentions. Mais il n'est à ce moment venu à l'idée de personne de dire ou de penser que le *Rappel* et M. Vacquerie avaient entrepris cette défense des employés d'omnibus pour faire chanter la Compagnie. Si personne n'a pensé ainsi, c'est que le directeur était insoupçonnable, que la campagne a été menée jusqu'au bout, sans violences et sans injures, que la question a été résolue, et que jusqu'au jour où le résultat a été obtenu, le *Rappel* a tenu bon, et a persisté dans la défense de ceux qui avaient eu confiance dans sa probité et dans sa loyauté.

Au contraire, lorsqu'un journal annonce avec grand fracas une de ces « campagnes », qu'il l'entreprend ensuite avec vigueur ; qu'il se hâte de mêler à la polémique les noms des administrateurs et ceux de gens qui ne touchent que de loin à l'affaire ; lorsque, après quelques articles, la diffamation et l'injure sont employées contre les personnes, répétées, réitérées, aggravées par des incidents amenés avec intention, on peut être persuadé que le journal n'a pas seulement en vue l'augmentation de son tirage. Celui-ci peut hausser, il est vrai, parce que le scandale et la diffamation trouvent toujours acheteur et amusent la galerie, mais, règle générale, dans la pluralité de ces cas, la « campagne » cesse brutalement un beau jour, et sans explication de cette brusque interruption ; il n'est plus question de la défense de ces actionnaires ou de ces employés dont on avait pris en mains, à grand renfort d'orchestre, la défense soi-disant désintéressée. Il est bien certain qu'en ayant l'air de soutenir les intérêts des actionnaires du Comptoir d'Escompte, du Crédit Lyonnais ou de la Compagnie Transatlantique, M. Portalis n'avait nul souci de ces gens dont il se moquait comme d'une guigne. Il visait la caisse de ces sociétés, et il ne tirait pas avec du petit plomb. Il cherchait un gros coup.

Les « campagnes de presse » habilement menées et, en conformité de sentiment avec un courant de l'opinion publique, intéressent le lecteur. Au début, elles ont eu d'excellents résultats pour les journaux aussi bien que pour le public. Certains journaux ont malheureusement fait dévier le but, et aujourd'hui dès qu'on en voit une poindre avec tapage sur la première page d'un journal, on ne s'y trompe plus. On flaire immédiatement le chantage, et, bien souvent, on n'a pas tort.

Les directeurs de journaux étaient jadis des hommes instruits, ayant longtemps exercé la profession de journaliste, avant d'en arriver à diriger et à inspirer une cohorte d'écrivains. A l'heure actuelle, avoir été chemisier, courtier, homme d'affaires ou simplement spéculateur à la Bourse, cela suffit pour commander à des hommes de lettres et être sacré directeur d'un journal !

Pourquoi donc s'étonner de la vénalité de

certaine presse ? N'est-il pas naturel que ces directeurs qui ont pour principe de faire argent de tout, et qui considèrent le journal comme un instrument apte à tout faire, aient déconsidéré la presse et aient contribué à lui enlever la force qu'elle doit donner ? Ces gens-là, heureusement, sont une minorité. Mais le public qui ignore les dessous a toujours une tendance à généraliser, et il applique à la pluralité ce qui revient au particulier. Cependant, s'il y a des directeurs de journaux qui dégradent la presse, il y en a dont le talent la relève. On peut être l'ennemi politique de Rochefort, de Drumont, et autres, il ne viendra à l'idée de personne de mêler à une affaire de chantage ces journalistes qui chacun ont leur talent et qui chacun ont droit à une estime professionnelle. Dans quel but, d'ailleurs, se prêteraient-ils à un chantage, les directeurs des journaux prospères ? Quel avantage auraient-ils à se compromettre, ceux dont les journaux peuvent vivre honnêtement ?

Quant aux journalistes, aux professionnels, c'est-à-dire ceux que le public tient en défiance, simplement parce qu'ils exercent la profession de journaliste, est-il besoin de dire que l'immense majorité de ceux-là ignore les chantages dont on les rend responsables, dont on veut faire retomber sur eux l'indignité, qu'ils n'ont aucun bénéfice à en retirer, et que s'il en est parmi eux qui se livrent à ce petit commerce malpropre, il est difficile de découvrir les maîtres chanteurs qui y sont tolérés et protégés par des directeurs, et plus difficile encore de les exécuter et les chasser d'un journal où ils collaborent.

Les vrais et les seuls coupables sont ces derniers qui encouragent ces individus, et les uns ne valent pas mieux que les autres.

CHAPITRE III

Division de la Presse en trois catégories. — Les journaux qui sont prospères. — Les journaux qui font les frais. — Les journaux qui vivent d'expédients. — Pénible métier des professionnels. — Les directeurs des journaux qui vivent d'expédients. — Portrait d'un Directeur. — Une visite au Crédit foncier. — Une course au ministère de l'Intérieur. — Comment on se procure vingt-cinq mille francs dans une matinée. — Les dix mille francs du général Boulanger, ministre de la Guerre. — Les journaux subventionnés par les banques. — Le Journal, le *Soir* et la Société de *Panama*. — Les journaux du Crédit de France et du financier Lepelletier.

La presse parisienne peut être divisée en trois catégories bien définies et bien reconnaissables : les journaux qui gagnent beaucoup d'argent, ceux qui en gagnent peu ou qui arrivent à couvrir leurs dépenses, en bouclant péniblement leur budget ; et enfin ceux qui en perdent et qui n'étant soutenus par aucune personnalité politique ou financière capable de combler le déficit, sont obligés de vivre d'expédients. Pour ces derniers, le chantage est le pain quotidien. Un mauvais coup succède à un autre.

Il est très facile de reconnaître les journaux qui sont dans telle ou telle catégorie. La plupart sont en effet constitués en sociétés et les journaux prospères font coter leurs actions à la Bourse comme on y cote celles des diverses affaires industrielles. Le prix élevé de leurs actions, les dividendes conséquents qu'ils distribuent sont une preuve matérielle et évidente de leur bonne situation. Les journaux dont les affaires ne vont pas se gardent bien de faire coter leurs actions; ils ne peuvent les écouler dans le public. Si certains arrivent à obtenir une cote, on peut être persuadé que ce cours est purement fictif, et il serait impossible d'en vendre seulement dix au prix indiqué. Souvent dans ces journaux-ci les actions se trouvent en deux ou trois mains et les porteurs savent parfaitement que le papier qu'ils ont en portefeuille ne vaut même pas le poids du papier. Il est bon de citer ici le cas d'un directeur de journal qui a reconstitué sa Société aussi souvent que la caisse a été vide, et elle l'a été souvent. A chaque reconstitution, le nouveau bailleur de fonds achetait les actions au prix d'émission inscrit sur le titre. Puis, après avoir rougi sa boutonnière, c'est-à-dire après six mois ou un an de sacrifices récompensés à titre de services exceptionnels, il cédait la place à un nouvel arrivant qui survenait et achetait les actions de la société réorganisée. La caisse se remplissait ainsi pour une nouvelle période.

Il paraît cependant qu'il est devenu de plus en plus difficile de trouver des sujets. On conviendra que c'est malheureux et triste ! Mais les véritables amateurs de gloriole et de hochets de vanité ne peuvent que s'en réjouir : il y aura moins de postulants, et il sera plus facile de décrocher un ruban, violet ou vert.

Dans les journaux compris dans la première catégorie, les journalistes sont également largement payés. En tous cas, ils le sont régulièrement et même en avance de leurs appointements. Dans ceux de la deuxième, ils le sont moins, mais aussi correctement et aussi exactement. Au contraire, dans les journaux qui vivent d'expédients, ils sont peu payés, exception faite de quelques leaders dont le nom est indispensable pour faire figure sur l'enseigne et dont le pavillon couvre la marchandise. Souvent, ils ne le sont pas du tout, et lorsqu'ils arrivent à force d'insistance à obtenir quelques louis, il a fallu donner à ces réclamations cette forme de menace cruelle que seul le besoin le plus impérieux impose à l'homme ayant gagné son salaire et ne pouvant en obtenir le paiement, lorsqu'il en a absolument besoin.

Il faut avoir assisté à des scènes de ce genre, dans certaines rédactions, pour se rendre compte du pénible métier que font certains journalistes. J'ai vu des pères de famille, n'ayant plus de pain chez eux pour nourrir les leurs, travaillant de jour et de nuit jusqu'à deux heures du matin, et à qui il était dû par la caisse du journal deux ou trois mois d'appointements, — attendre des heures entières devant la porte du bureau de leur directeur pour obtenir un à-compte de vingt francs, et ce directeur sortir fier et pimpant de son cabinet, rester sourd à ces réclamations réitérées, et se défiler en en toute hâte afin de ne pas ouvrir son porte-monnaie plein de louis ou son portefeuille bourré de billets de banque.

Et de tels faits ne se produisent pas qu'une fois, ils se renouvellent tous les jours et dans beaucoup de journaux. Voilà la réalité des choses ! Peu enviable, on le voit, le métier de journaliste dans certains journaux ! Le plus triste est que ces directeurs dont le cœur est si dur, ne se privent d'aucun plaisir, d'aucun agrément, et, tandis qu'ils refusent à un père de famille un à-compte légitimement dû sur un salaire impayé, ils vont quelques minutes après déjeuner dans les restaurants à la mode, ou bien passent leurs nuits à jouer au cercle où ils font des différences considérables.

Naturellement, il faut boucher ces trous le lendemain ; il faut aussi calmer l'impatience de l'imprimeur ou du fournisseur de papier qui réclament impérieusement de l'argent. Où le trouver cet argent ? On peut encore faire la sourde oreille aux réclamations d'un rédacteur ! Où irait-il celui-ci ? ne serait-il pas aussi mal payé ailleurs ? toutes les bonnes places sont prises dans les bons journaux.... Mais l'imprimeur est à la porte du cabinet, — il a signifié catégoriquement qu'il voulait un peu d'argent, et il faut le trouver dans la journée, ou bien le journal ne sera pas imprimé le soir. Et ce n'est pas tout, voilà que le marchand de papier fait aussi du pétard dans l'antichambre ! Il lui faut de l'argent ou bien pas de bobine ! Que faire ? Revenir au jeu ? Mais il faut de l'argent pour tenir une banque ! Et personne ne veut en prêter; les caissiers de cercle ont depuis belle lurette déclaré qu'ils ne pouvaient plus rien prêter à un homme qui ne restituait jamais et qui jetait à la porte ceux assez audacieux pour venir réclamer !

Il y a bien une ressource : les sociétés de crédit ! Elle est bien usée, cette corde !..... si souvent le directeur en a joué. Peut-être réussira-t-il encore! Et le bonhomme flévreusement met sa fourrure, il pose tant bien que mal son chapeau sur sa tête, et il quitte le journal ne s'arrêtant même pas dans l'antichambre pour écouter les gens qui attendent, le tirent par la manche de son paletot, et le retiennent pour lui dire l'objet de leur visite.

« Je regrette beaucoup, mais on m'attend, je suis pressé, je ne peux pas... je n'ai pas le temps..... revenez demain..... après-demain. »

On le suit dans l'escalier, on veut quand même le faire rester. Inutile ! Il saute dans sa voiture, et il n'a que le temps de crier à son cocher : « Vite au Crédit Foncier ! » ou « Place Beauvau ! »

La voiture est à peine arrivée rue des Capucines que le directeur ne veut pas attendre d'être devant la porte et que la voiture soit arrêtée. Il saute précipitamment au risque de tomber, il franchit la cour en deux bonds, et quatre à quatre il monte les escaliers. Là, il est connu. Les huissiers si durs, si impitoyables, si fiers, si arrogants devant le vulgaire bourgeois ou le petit actionnaire, s'inclinent jusqu'à terre devant le directeur d'un journal officieux.

« Monsieur le gouverneur, ou M. le secrétaire général, l'un ou l'autre, » demande le personnage d'un ton impérieux, n'admettant pas qu'on lui réponde qu'il n'y a ni l'un ni l'autre.

« Et dites-leur, ajoute-t-il, que j'ai absolument besoin de voir l'un ou l'autre,... tout de suite. C'est très urgent ! très important ! »

Une minute après, il est introduit.

Que se passe-t-il entre les deux interlocuteurs ? On peut aisément le deviner, mais comme il n'y a jamais de tierce personne pour assister à ces conversations, qu'il serait cependant bien curieux d'entendre, il est assez difficile de rapporter cet interview.

Généralement, l'entrevue se termine par la sortie du directeur du journal porteur d'un bout de papier, lequel se présente à certain guichet et où il s'échange avec plusieurs feuilles de papier, d'un bleu particulier, que le directeur empoche avec précipitation et avec un soupir de soulagement.

Si, au contraire, la démarche a raté ; si la demande a été infructueuse ; si le coup est manqué parce qu'il a été réussi trop récemment, la tête du directeur est plus sombre que jamais, et il est encore plus agité et plus nerveux lorsqu'il rejoint sa voiture.

C'est place Beauvau qu'il donne l'ordre d'aller à son cocher.

Là aussi, les huissiers sont pleins de déférence pour lui. Le directeur d'un journal ministériel ! Les ministres passent.... lui ne change pas, il est toujours le défenseur de la politique et de la personne du ministre qui est en fonctions.

Le ministre ne reçoit pas, il n'est même pas dans son cabinet, il a rejoint ses appartements particuliers. Mais qu'importe au distingué publiciste ! Il faut qu'il lui parle, il faut qu'il arrive jusqu'à lui ! C'est urgent, très urgent, et de la dernière importance ! Et, malgré la consigne, les huissiers montent jusque chez le ministre, et celui-ci, par crainte d'être attaqué le lendemain, n'ose pas renvoyer l'importun qui vient ainsi le relancer. Il sait par avance ce qu'on vient lui demander... de l'argent !... Il n'en a plus !... Tout le budget spécial est épuisé. On a même entamé celui des mois subséquents.

Il compte donc bien s'en tirer en répondant qu'il n'a plus le sou. Mais l'autre ne l'entend pas de cette oreille. Il lui faut de l'argent, et si le ministre n'en a pas, qu'il en trouve, qu'il le fasse donner par un autre. Que peut donc refuser au ministre le directeur de telle société financière ? Le ministre est donc finalement obligé de s'engager à voir le financier désigné et à intervenir auprès de lui pour qu'il donne au

Directeur de journal l'argent qu'il n'a pu lui servir directement.

Le lendemain, la commission est faite ; l'intervention a été efficace ; la société ouvrira son guichet et c'est le ministre lui-même qui remet le chèque au nom du quémandeur satisfait mais non confus. Il recommencera une autre fois.

L'histoire de ce directeur ayant besoin de vingt-cinq mille francs et ayant eu l'heureuse veine de se les procurer dans une matinée, auprès des directeurs d'établissements financiers vaut certainement la peine d'être contée, car elle n'est que trop connue dans le monde des journalistes.

Donc, ce directeur s'était dit en se levant : « Il me faut trouver ce matin vingt-cinq mille francs ! » Pareille somme ne se trouvant généralement pas sous le pied d'un cheval, il n'avait imaginé rien de plus ingénieux que d'aller les prendre chez les banquiers, ceux-là même qui étaient habitués à capituler souvent devant ses exigeantes demandes. Mais ce jour-là le langage avait subi une modification. C'est d'un air réjoui, radieux et satisfait, que le directeur avait fait son entrée dans le cabinet du financier :

— Ah mon cher ! que je suis content de vous apprendre une bonne nouvelle ! Enfin, je peux liquider ma situation, j'ai trouvé acquéreur pour mes immeubles à un prix meilleur que je n'étais en droit d'espérer ! Mais, il y a un mais, pour obtenir la mainlevée de toutes les hypothèques, pour aboutir à la réalisation de la vente, il manque une cinquantaine de mille francs. Peu de chose ! aussi ai-je pensé que mes amis de la finance, à qui je rends service tous les jours dans mon journal, seraient enchantés de me tirer d'affaire et contribueraient chacun pour une petite somme à parfaire le chiffre. Un tel a fait dix mille ! X... cinq mille !

Le financier commençait à froncer le sourcil, de l'air d'un homme qui se dit : « C'est encore une nouvelle carotte qu'on me tire. »

Mais le directeur n'était pas homme à se démonter pour si peu :

— Je vous jure, dit-il, que c'est votre intérêt de m'aider dans la circonstance. Lorsque je suis gêné, lorsque je suis assailli par des créanciers impitoyables, je suis bien obligé de vous mettre le couteau sur la gorge, et, hélas ! je viens souvent. Or, si mes affaires étaient réglées, je ne serai plus embêté, et naturellement vous avez intérêt à cela. Que diantre ! après tout, je rends assez de services à votre société ! Est-ce que je ne l'ai pas défendue contre la campagne que faisait ce maître-chanteur de X...?

N'ai-je pas pris carrément en mains les intérêts de la maison? n'ai-je pas assez publiquement dit son fait à cette canaille qui voulait vous soutirer une centaine de mille francs, et qui d'avance s'en vantait? Et qu'est-ce que vous m'avez donné pour cela? Presque rien, à peine quelques petits billets bleus...

Le raisonnement était habile, assez bien soutenu et surtout insinuant.

Il porta, paraît-il, sur la plupart des chefs d'établissements financiers que le susdit directeur visita dans sa matinée. Les uns se fendirent de deux mille francs, d'autres de cinq mille. Quelques-uns furent insensibles et ne se laissèrent pas émouvoir par ces belles et attendrissantes paroles.

Le résultat espéré fut cependant réalisé. Après cinq ou dix visites, le portefeuille du directeur contenait vingt-cinq mille francs!

Inutile d'ajouter que les affaires de cet excellent homme sont aussi embrouillées actuellement qu'elles l'étaient auparavant, et qu'elles n'ont jamais été arrangées. L'un des financiers ainsi tapé ne pouvait s'empêcher de s'écrier plus tard, en racontant l'histoire : « Il n'y a que ce diable de X... pour monter ces bateaux ingénieux afin de se procurer de l'argent ! »

Les sommes ainsi obtenues sont parfaitement distinctes des mensualités ou des subventions régulièrement payées aux journaux par les banques en retour de la publicité donnée aux affaires financières, soit dans les bulletins spéciaux, soit à l'occasion des émissions.

Les dix mille francs subtilisés par un directeur de journal au général Boulanger, ministre de la Guerre, sont encore une des anecdotes les plus gaies et les plus vécues de ce monde-là.

On sait que le général Boulanger, pendant son passage au ministère de la Guerre, soignait beaucoup sa popularité. Il recevait tout le monde, il accordait beaucoup de faveurs aux gens qui pouvaient lui faire de la réclame, et surtout il avait soin de ne jamais rien refuser aux journalistes influents.

L'antichambre du ministre aux jours de réception était toujours bondée de solliciteurs.

Il y avait plus de quarante personnes à recevoir, le matin où le directeur en question se présenta et fit passer sa carte au ministre. Or, un directeur de journal important ne pouvait être confondu avec la masse des vulgaires quémandeurs, et le général Boulanger se garda bien de le faire attendre, quoique le dernier arrivé. Il ne pouvait non plus le recevoir, sous peine de froisser et de mécontenter beaucoup de ceux qui étaient à attendre dans le salon depuis plusieurs heures. Il tourna la difficulté, sortit une minute de son cabinet et vint dans la première antichambre trouver le directeur de journal.

— Mon cher ami, lui dit-il, vous voyez tout le monde que j'ai ; impossible de vous faire attendre, et plus impossible encore de vous accorder un instant. Mais, parlez à mon chef de cabinet, il fera comme si c'était moi.

— Parfaitement, répliqua l'autre, mais donnez-moi un mot sur votre carte pour lui dire de faire ce que je voulais vous demander.

Le général, très naïvement, tira une carte de son portefeuille, et, sur le bureau de l'huissier, écrivit dessus : « Prière de faire ce que demandera M. X... » Il rentra dans son cabinet après avoir vivement serré la main du journaliste. Quant à celui-ci, il fut immédiatement introduit auprès du chef de cabinet qui lui demanda l'objet de sa visite.

La réponse fut nette et catégorique :

— Il faut que vous me donniez dix mille francs !

Sans demander d'autres explications, le chef de cabinet donna les dix mille francs, persuadé que le général Boulanger avait voulu indiquer cela par le mot écrit sur sa carte.

Le coup était joliment réussi ; un coup de maître carottier !...

Eh bien ! voilà les expédients auxquels en sont réduits les directeurs de journaux qui ne gagnent pas d'argent et qui ne sont subventionnés par aucune personnalité politique ou financière.

Ceux qui ne prospèrent pas et qui ont derrière leur caisse un homme ou une banque pour combler les déficits mensuels, ne sont pas obligés de se livrer à de pareils exercices pour soutirer l'argent des fonds secrets. Ceux-là ont le temps de respirer ou d'être malades. Les autres ne l'ont pas.

Lorsque la Société de Panama jetait aux quatre vents les millions qui lui avait été confiés par les bas de laine de l'épargne française, elle ne se contentait pas de donner à tous les journaux de fortes subventions légitimées par l'énorme publicité qu'elle exigeait, elle avait aussi son journal. C'était le *Soir*. Pendant plusieurs années, ce journal coûta à la caisse de la Société des sommes fantastiques, et qui n'étaient nullement en rapport avec les services que cette feuille à tirage restreint pouvait rendre à MM. de Lesseps et consorts. On n'en était pas autrement étonné et surpris.

Il est à remarquer en effet que toutes les Banques ou Sociétés qui ont sombré depuis plusieurs années, ont toutes gaspillé des sommes considérables à se payer le luxe d'être propriétaires d'un grand journal politique. Pourquoi ? Dans quel but ? On ne peut l'expliquer que d'une seule manière.

Le *Crédit de France*, cette Banque que dirigeait le financier Lepelletier, précédemment condamné pour escroquerie ou abus de confiance, et dont la chute provoqua la ruine de nombreux petits rentiers, a employé aussi des millions à créer ou à faire vivre des journaux, tels que *La Vérité*, de Portalis et H. Maret ; le *Nouveau Journal*, l'*Indépendant* et plusieurs autres qui sont morts depuis longtemps après avoir absorbé de très fortes sommes.

Le *Soir*, avant d'appartenir aux hommes du Panama, était la propriété de Blanchard, un autre financier qui était directeur d'une banque et qui fut obligé de filer précipitamment vers la Roumanie pour éviter Mazas.

L'explication de tout cet argent dépensé avec la certitude d'être totalement perdu, est facile.

L'influence politique de ces journaux a suffi pour arrêter pendant un certain temps les enquêtes des commissaires aux délégations judiciaires et du Parquet, et c'est certainement dans ce seul but que ces financiers, sujets à caution, consentaient à combler les déficits considérables qui se succédaient régulièrement tous les mois et qu'il était non moins régulier de combler. On ne saurait expliquer autrement ces dépenses aussi considérables qu'inutiles.

CHAPITRE IV

La réclame dans les journaux. — Les courtiers de publicité. — Un ancien rédacteur du *Figaro* et de l'*Événement*. — Quelques anecdotes. — Les courtiers d'annonce maîtres-chanteurs. — Le chantage sur les poêles-mobiles. — Le chantage du poêle-manivelle. — Le traité de publicité ou l'éreintement.

J'ai dit quelle était l'importance de la réclame dans les journaux à trois sous, dans les feuilles boulevardières et mondaines. Le sujet mérite mieux qu'une simple mention pour en constater la ressource dans le budget des recettes d'un journal.

Il y a sur le pavé de Paris des courtiers de publicité qui se font, bon an mal an, de cinquante à cent mille francs de gain par la publicité. Dès le matin, ils visitent les grosses maisons de commerce ou les usines industrielles. Mal accueillis souvent, ils sont habitués à ne pas se laisser rebuter par cet accueil. Ils insistent, ils vantent les avantages de leur publicité; ils parlent de tout, et souvent ils réussissent à persuader par la variété de leur boniment et par leur aplomb, le négociant qui n'était nullement disposé à leur faire une affaire, et qui finit, malgré tout, par leur consentir un bon petit traité d'annonces. Mais le courtier ne doit pas se contenter d'une promesse. Il lui faut la signature immédiate, car avec la réflexion le négociant pourrait changer d'avis et l'affaire serait rompue.

Le métier de courtier de publicité, on en peut juger, n'est pas chose commode, et tout le monde n'est pas doué pour réussir dans la partie. Mais s'il est difficile, il a l'avantage d'être très bien rémunéré. Les bons courtiers ont habituellement une remise de trente à cinquante pour cent sur le chiffre d'affaires traitées. Il leur suffit de faire dans leur journée ou tous les deux jours une réclame de 500 francs pour gagner deux à trois mille francs par mois. Un courtier qui traite un chiffre annuel d'affaires de cent mille francs gagne de trente à quarante mille francs. Les bons courtiers atteignent ce chiffre.

On ne saurait parler de publicité et surtout de réclame sans parler d'un ancien rédacteur du *Figaro* et de l'*Evénement*, Gaston Vassy, dont l'activité, l'audace et l'intelligence sont restées légendaires. Là où personne ne pouvait enlever un sou de publicité, Vassy enlevait un bon traité. Il faut dire qu'il avait véritablement le génie de la réclame. Dès le matin jusqu'à la nuit, il parcourait Paris dans sa voiture, ayant toujours plusieurs secrétaires avec lui, et il ne se laissait jamais décourager par un insuccès. Il revenait le lendemain à la charge. Et il recommençait tant qu'il supposait pouvoir venir à bout de la résistance.

Pendant l'Exposition de 1878, il se trouvait place du Carroussel, dans l'enceinte du ballon captif, lorsqu'un voyageur eut l'imprudence de laisser tomber son chapeau. C'était là un simple fait de nulle importance. Cependant pour Vassy, il en avait une énorme. Vite, il quitta le ballon, il courut à sa voiture et il se fit mener chez un chapelier connu qui épatait les visiteurs de l'Exposition par ses réclames abracadabrantes.

— J'ai une excellente réclame pour vous, lui dit Vassy, et surtout neuve. Il me faut vingt-cinq louis, tout de suite, si vous l'acceptez.

— Je veux bien, répondit avec son accent tudesque le chapelier, à la seule condition qu'elle soit neuve.

Et Vassy, sur un bout de comptoir, rédigea à la hâte les quelques lignes suivantes :

« Hier, pendant l'ascension du ballon cap-
« tif un voyageur imprudent a laissé tomber
« son chapeau. Au grand étonnement du
« public, le chapeau est resté dans les airs
« et le voyageur en a été pour la perte de

« son couvre-chef. La perte a été promple-
« ment réparée. Lorsqu'on saura que c'était
« un chapeau-liège sortant de chez X..., on
« ne sera pas surpris de cette légèreté. »

Pas trop mal imaginée la réclame ! Aussi Vassy toucha-t-il immédiatement les vingt-cinq louis.

A un chemisier qui le jetait régulièrement à la porte de son magasin toutes les fois qu'il se présentait, Vassy voulut jouer un tour de sa façon. Etant allé lui faire ses offres de service, et ayant obtenu la réception habituelle qui lui était faite, Vassy se fâcha tout rouge et sortit en lançant au boutiquier ennemi de la réclame cette apostrophe menaçante :

— C'est bien ! monsieur, vous venez de m'insulter, vous ne tarderez pas à recevoir de mes nouvelles.

Quelques minutes après, les deux secrétaires de Vassy venaient demander au commerçant une réparation par les armes.

Tête du bourgeois ! qui se confondit en excuses, en explications.

Les témoins ne voulaient rien admettre.

— Vous avez insulté M. Vassy, disaient-ils, il faut vous battre, et si vous refusez, demain tous les journaux raconteront votre lâcheté.

— Mais cela va me faire beaucoup de tort

pour mes affaires, répliquait-il. Que vont dire mes clients ?

— Cela ne nous regarde pas, ripostaient les témoins, quand on insulte les gens, il faut se battre.

La discussion durait depuis un certain moment sur ce même ton, lorsque brusquement la porte du magasin s'ouvrit avec tapage.

C'était Vassy qui, trouvant l'entretien trop long était fatigué d'attendre dans son coupé le résultat de la demande.

— Oui, Monsieur, vous m'avez insulté, dit Vassy. Vous allez m'en rendre raison, et au pistolet, vous savez !

Le chemisier protestait de ses bonnes intentions, s'excusait, se faisait humble, ne savait plus que faire pour essayer de calmer Vassy. Finalement celui-ci déclara qu'il voulait bien renoncer à exiger une réparation par les armes, et qu'il accepterait des excuses, mais à une condition formelle, le chemisier lui donnerait une toute petite satisfaction morale.

— Une satisfaction, s'écrie le commerçant, mais je vous la promets tout de suite. Que vous faut-il ?

— Eh bien, ce qu'il me faut, dit Vassy, c'est que vous me signiez un petit traité de publicité. Et croyez que vous vous en tirez à bon compte de m'avoir injurié. Vous allez gagner de l'argent, beaucoup d'argent, grâce à la publicité que je vous ferai.

L'affaire fut conclue. C'était tout ce que voulait Vassy. Il n'avait jamais été homme à se battre en duel.

Les courtiers en publicité de nos jours n'ont peut-être pas l'habileté et l'audace de Gaston Vassy. Mais certains ont remplacé cela par des moyens plus indélicats et plus malhonnêtes, quoique Vassy ne fût pas le plus scrupuleux des hommes. Tandis que les véritables courtiers d'annonces se contentent de visiter la clientèle des commerçants et des industriels qui acceptent sans trop de peine une réclame utile, d'autres trouvent qu'il est trop pénible de recueillir une publicité honnête et ils s'adressent surtout à la catégorie des personnalités ayant tout à redouter d'une réclame dirigée contre eux. Dès qu'ils savent qu'une maison a eu le malheur de subir une perte imprévue, capable de compromettre la situation financière et la solvabilité d'un commerce; dès qu'ils apprennent qu'il est survenu par hasard un accident de nature à provoquer un scandale, s'il est divulgué, et conséquemment un désastre; vite, ils se hâtent d'accourir chez le chef de cette maison, et ils lui font connaître, sans détour, qu'ils sont au courant du fait qui s'est produit et ils lui déclarent sans subterfuges qu'ils veulent se renseigner directement auprès de lui avant d'écrire un article dans leur journal. Le commerçant qui a tout intérêt à ce que rien ne soit publié sait le moyen de l'empêcher; il est donc obligé d'en passer par là et il paie pour que le silence soit fait.

Les gens qui font ce petit métier ne sont pas plus courtiers de publicité qu'ils ne sont journalistes. Ce sont tout simplement des escrocs qu'on ne devrait pas hésiter à traîner devant la police correctionnelle.

L'industrie des poêles économiques a permis à ces pseudo-courtiers, pendant plusieurs années, d'exploiter les fabricants de ces appareils.

Un certain nombre d'accidents s'étaient, en effet, produits, et ils avaient occasionné, soit à cause d'un défaut de leur fabrication, soit par une imprudence des victimes elles-mêmes, la mort par axphyxie de quelques personnes. Les écumeurs de la publicité en avaient aussitôt tiré parti. Ils avaient apporté la bonne nouvelle aux fabricants, et ils avaient ajouté qu'ils seraient heureux de ne pas en parler, à condition qu'on leur signerait un traité de publicité. Et les industriels, pour ne pas laisser ébruiter un accident qui, le plus souvent, n'était pas imputable au fabricant, étaient obligés de souscrire aux conditions qu'on leur imposait.

Un de ces fabricants, qui est en même temps homme politique et journaliste, me racontait dernièrement qu'il avait eu à subir pareille pression. Un accident regrettable ayant été occasionné par un poêle qu'il avait mis en vente, il reçut la visite de deux journalistes ou courtiers venus pour lui demander la forte somme, en échange de leur silence.

Il s'agissait d'un cas de mort par axphyxie survenu dans une chambre, chez un pharmacien, et causé par un poêle-mobile, dit poêle manivelle. Les deux aigrefins demandèrent douze mille francs pour prix de leur silence. Dans le cas contraire, ils signaleraient l'accident dans leurs journaux, et tous les autres reproduiraient la nouvelle. Le lendemain, d'autres se présentèrent et firent la même demande. Naturellement, en retour de l'argent qu'ils exigeaient, ces maîtres-chanteurs étaient prêts à faire toute la publicité possible dans leurs journaux, en faveur du poêle-manivelle, afin d'en vanter toute l'économie, l'ingéniosité et la parfaite innocuité. Si l'on refusait la publicité ils divulgueraient la mort par axphyxie.

Le fabricant fit son compte. Les maîtres-chanteurs lui demandaient une trentaine de mille francs, et il était exposé à recevoir, en cas de nouvel accident, ou même à cause de celui déjà survenu, des demandes subséquentes d'argent. D'autre part, il fit le total de ce qu'il lui en coûterait de renoncer à la vente et à la fabrication de ce poêle qui était une petite branche de son industrie. La balance était à peu près égale. Pour ne pas avoir d'ennuis, pour éviter tout souci, il jeta donc à la porte les maîtres-chanteurs, bien résolu, si on l'attaquait, à faire ce qu'il avait décidé, c'est-à-dire à renoncer à la fabrication du susdit poêle-manivelle.

Quelques jours après, le pharmacien, poussé et excité très certainement par les journalistes éconduits, faisait présenter un rapport à l'Académie de médecine par le docteur X... qu'il avait connu dans son service à l'hôpital, et dans ce rapport les poêles-mobiles étaient dénoncés comme très nuisibles à la santé, et à cause de leur fabrication toute spéciale, ils étaient représentés comme excessivement dangereux, leur avantage économique devant avoir pour conséquence des accidents souvent mortels.

Il n'en fallait pas davantage pour arrêter immédiatement la vente des poêles-mobiles, et effectivement le public qui avait accepté avec engouement ce mode de chauffage le délaissa avec affectation, la presse s'étant empressée de publier la communication de l'Académie de médecine et de la commenter dans le sens le plus défavorable possible pour les poêles-mobiles.

Certes, je n'ai pas à prendre la défense des poêles. Mais il importe de constater que si le fabricant du poêle-manivelle avait donné les trente ou trente-cinq mille francs qu'on lui réclamait et pour lesquels les journalistes qui voulaient le faire chanter étaient prêts à vanter les mérites de son poêle, il n'y aurait peut-être pas eu communication à ce sujet à l'Académie de Médecine, et en supposant que la communication eût été faite, il y a gros à parier que les journaux se seraient bien gardés d'en parler. Il n'aurait certainement pas été question, dans certaines feuilles, du rapport du docteur X...

La même chose se passe dans l'affaire Allez, dont il sera question plus tard, et dans laquelle on a offert un traité de publicité pour étouffer un incident désagréable.

Le fabricant du poêle-manivelle préféra renoncer à cette branche de son commerce. Il eut raison.

Ces chantages ont été cause que la plupart des maisons qui avaient lancé, à grand renfort de publicité, ces appareils de chauffage, ont renoncé à cette fabrication, ou bien elles ont résolu de supprimer toute la publicité d'annonces qu'elles faisaient dans la presse, car elles se sont rendu compte que c'était la publicité qu'elles payaient aux journaux qui les mettait en évidence, et qui les signalait à l'attention des maîtres-chanteurs.

En définitive ce sont les journaux qui ont été les principales victimes de ces procédés, car ils ont perdu ainsi un gros chiffre de publicité qui leur était donné chaque hiver par l'annonce des divers procédés de chauffage.

L'industriel victime de ces courtiers marrons n'aurait-il pas mieux fait de les dénoncer au parquet ! Le résultat n'eût pas été plus mauvais pour lui, malgré la menace qu'on lui adressait de le faire poursuivre correctionnellement pour homicide par imprudence.

Ces maîtres-chanteurs, lorsqu'ils font des annonces, ils les obtiennent par des menaces sous conditions et lorsqu'ils les ont, ils en cachent généralement la valeur réelle aux administrateurs de journaux afin d'en empocher la plus grande partie.

Avouer d'avoir reçu une forte somme pour une réclame ordinaire ne serait-ce pas fournir la preuve d'un chantage ? C'est pourquoi la plupart des journalistes, exerçant réellement leur profession, ne veulent pas se livrer à l'exploitation de la publicité. Il n'y a rien qui se rapproche autant du chantage que la publicité.

CHAPITRE V

La presse financière. — Les grands organes de la finance. Les journaux financiers à bon marché. — Les journaux des Banques. — L'Académie Nationale de Chant. — Distribution de la publicité financière. — Les distributeurs de publicité. — M. Gustave Batiau. — Les journaux intermittents. — La veille d'une émission. — Un incident de la première émission de Panama. — Le député et le journaliste. — La visite aux directeurs du Panama. — Le chèque de vingt mille francs. — La peur du chantage. — Les mensualités. — Un publiciste financier. — Ses états de service. — Ses débuts dans le monde de la finance. — L'actionnaire aux réunions annuelles. — Le président de la Chambre syndicale des banquiers-changeurs de Paris. — Quatre journaux financiers. — Les fournitures de l'armée du Nord. — Trois ans de prison. — Réhabilité et officier d'Académie ! — Un candidat de l'agence Cesti.

La presse financière forme une catégorie à part dans le journalisme. Elle a été un instant très prospère, mais elle a bien décliné depuis quelques années.

Dans cette même presse, il importe de faire une sélection, car il y a des journaux financiers qui ont une très réelle et très grande puissance ainsi qu'une considération méritée, tandis qu'il y a à côté de ceux-là une multitude de journaux, véritables canards dont le tirage est très minime et dont l'opinion s'achète publiquement.

Il ne faut pas omettre non plus les journaux qui sont les organes directs et officiels des Banques, ayant la spécialité des placements de titres et qui n'ont en réalité qu'un objectif : celui de faire mousser les valeurs généralement suspectes offertes par les Banques aux clients crédules et confiants dont les économies sont visées.

Les grands organes de la finance ont un prix d'abonnement assez coûteux ; leur rédaction est confiée à des économistes connus et à des spécialistes compétents dont le talent se paie toujours cher.

Le *Messager de Paris*, l'*Economiste*, le *Capitaliste* et cinq ou six autres ont une réelle clientèle d'abonnés sérieux, et leurs articles ont par conséquent une influence considérable dans le monde financier et capitaliste. Ayant l'oreille de la haute banque et des sociétés de crédit, leurs articles influent réellement sur les marchés de la Bourse. On doit admettre par conséquent que ces journaux et ceux qui les dirigent ou les inspirent soient intéressés aux diverses grosses opérations qui se préparent dans les milieux financiers. Jamais ces organes ne se prêteraient à des entreprises quelconques de chantage et ne sauraient accepter de louanger des affaires interlopes ou véreuses.

Les autres journaux financiers ne vivent que des affaires de publicité.

Le prix de leur abonnement est si minime que cette recette ne suffirait pas à payer les frais d'impression. Il est donc nécessaire qu'ils tirent leurs ressources de quelque part.

Ceux qui représentent directement les banques, — et les banques qui ont des journaux sont des banques de deuxième ou de troisième ordre, — ont leur existence assurée tant que ces maisons existent elles-mêmes.

Les bénéfices réalisés par le placement des titres recommandés à la clientèle permet de combler les dépenses matérielles qui atteignent annuellement des chiffres énormes. Chaque fois que la banque lance une nouvelle affaire, ou veut faire un placement lucratif, le journal est tiré à des milliers d'exemplaires et adressé gratuitement à tort et à travers. Ces journaux sont en réalité de véritables prospectus.

Les journaux qui ne dépendent pas directement des banques, ne vivent, eux, que par les mensualités des sociétés financières et par les allocations de publicité que distribuent les établissements de crédit lorsqu'ils lancent une nouvelle affaire.

Les représentants ou propriétaires de ces journaux se réunissent tous les jours à la Bourse entre une heure et trois heures, sous le péristyle et sur l'escalier qui fait face à la rue Notre-Dame-des-Victoires. Les bulletiniers des journaux financiers y viennent eux aussi, et c'est là qu'ils se mettent au courant des affaires en préparation et des émissions annoncées qui vont sortir.

Ce coin de la Bourse a été surnommé « l'Académie Nationale de Chant ».

Lorsque l'affaire annoncée est prête, on sait immédiatement quel est le personnage chargé de distribuer la publicité, et quel jour il faudra se présenter pour avoir l'annonce. Car c'est avec l'insertion d'une annonce que se paie le concours des journaux financiers, et naturellement l'acceptation de la publicité entraîne l'obligation de prôner l'affaire dans les articles du journal.

La belle époque pour ces journalistes et pour ces courtiers de finances fut la période qui précéda le krach où tout se mettait en société et en actions. Ce fut aussi plus tard, la distribution fantastique de la publicité de Panama.

Combien de ces journaux ont succombé depuis ce beau moment !

La publicité financière n'est pas distribuée

directement par les établissements de crédit. Pour éviter des réclamations certaines et inévitables, ils s'entendent avec des personnages qui, à forfait, se chargent de faire la publicité dans tous les journaux, aussi bien politiques que financiers. Ces agents de publicité présentent aux sociétés la liste des journaux par lesquels ils s'engagent à faire accepter la publicité, et ils traitent à forfait pour une somme déterminée. Il est inutile de faire ressortir que s'ils ont traité pour 500,000 francs la publicité d'une affaire, et s'ils peuvent arriver à faire cette publicité pour deux ou trois cent mille francs, ils bénéficient de la différence. D'autres fois, ils établissent le budget de publicité en fixant le chiffre qu'ils croient pouvoir attribuer à chaque journal et qu'ils pensent faire accepter ; leur rémunération consiste en ce cas dans le tant pour cent sur la somme totale, généralement dix pour cent. Les seules agences importantes de publicité financière qui subsistent et qui ont tout accaparé sont celles de MM. Batiau et Privat, qui distribuèrent la publicité de Panama et sont encore les agents du Crédit Foncier ; et celle de MM. Lenoir et C°.

La maison Rothschild et le Comptoir d'Escompte font directement la distribution de leur publicité par M. Gustave Laffont.

Les chiffres alloués aux grands journaux

quotidiens et aux organes financiers sérieux se discutent sans trop de difficulté. — Lorsqu'un désaccord se produit, les directeurs de journaux n'hésitent pas à venir discuter eux-mêmes leurs intérêts. Il est rare que la chose ne s'arrange pas. Un grand journal qui n'aurait pas accepté les conditions qu'on lui proposerait ne risquerait-il pas, par son silence, de causer un gros préjudice à une émission? Un journal peu scrupuleux, qui répondrait à une non acceptation de ces conditions, par une série d'attaques contre l'émission, pourrait très bien faire manquer la souscription. Les sociétés et les agents de publicité ont donc tout intérêt à acquérir l'unanimité de la presse. Rarement le fait contraire est arrivé. Cela s'est produit cependant lors de l'émission de Rente portugaise, garantie par la Régie des Tabacs, par suite de la campagne faite par le *XIXᵉ Siècle*.

La plupart des directeurs des agences de publicité ont fait une rapide et considérable fortune. Ils ont donc beaucoup d'ennemis et de jaloux. S'ils ont distribué beaucoup d'argent, ils en ont surtout gardé beaucoup, et ils peuvent acheter des immeubles de quinze cent mille francs.

L'histoire de l'un d'eux mérite d'être contée.

M. Gustave Batiau, le distributeur de Panama, du Crédit Lyonnais et du Crédit Foncier, était, il y a quinze ans à peine, un tout modeste reporter de l'*Événement*, chargé de récolter dans la galerie des Tombeaux du Palais de Versailles les informations politiques. Le Parlement ne siégeant pas encore à Paris, il fallait prendre le train deux fois par jour, et par suite de cette circonstance, il s'établissait facilement des relations de cordialité entre les députés et les journalistes qui voyageaient souvent dans le même compartiment. C'est ainsi que M. Batiau fit la connaissance de M. Christophle, député de l'Orne, et lorsque celui-ci fut nommé gouverneur du Crédit Foncier, lorsque certains journaux suscités par M. de Soubeyran entamèrent une violente campagne contre le nouveau gouverneur, M. Batiau prit ardemment la défense du député de Domfront. De cette polémique résulta un duel qui valut à M. Batiau une très légère blessure et par ricochet la reconnaissance de celui qui était la cause première de la rencontre. La reconnaissance des hommes politiques étant une chose très rare, il importe de signaler le fait.

Quelques mois après, M. Batiau, qui ignorait tout de la finance et de la publicité, s'associait à M. Privat, le bulletinier financier de l'*Événement*, et ils furent chargés de distribuer la publicité du Crédit Foncier.

M. Batiau, qui n'avait aucune fortune, a aujourd'hui plusieurs millions ; mais il a ajouté à cela le désagrément d'avoir encore plus d'ennemis que d'argent, et ses ennemis sont tous ceux, qui ont jalousé sa chance inconcevable, et aussi ceux qu'il a forcément mécontentés en rognant leurs prétentions, soit dans son intérêt personnel, soit dans l'intérêt des sociétés qu'il représente

Il n'est point facile, en effet, de satisfaire la multitude des représentants et courtiers des petites feuilles financières. Ils sont une légion, et il en vient on ne sait d'où pour réclamer l'annonce d'une émission. Beaucoup sont connus et avec ceux-là, il s'agit seulement de s'entendre, de tenir bon, de résister au marchandage. Bien rarement ils en arrivent à se fâcher, sachant d'avance que s'ils n'acceptent pas ils n'auront rien. Ils ont tout à gagner et rien à perdre. Autrefois, lorsque les émissions succédaient aux émissions, lorsque l'argent se gagnait facilement, on pouvait, pour une fois, se payer le luxe de refuser les cinq ou dix louis que le distributeur financier offrait pour la publication de l'annonce. A l'heure actuelle, le métier est devenu tellement dur que beaucoup de journaux ont cessé leur publication et on n'a plus ces exigences. On prend ce qu'on vous donne, comptant ou pas comptant Quelques aigrefins ont trouvé plus commode de tourner la difficulté. Comme il était trop coûteux de faire paraître toutes les semaines leur journal, ils s'entendent avec des imprimeurs qui ont plusieurs journaux à imprimer chez eux et avec la composition qui a déjà servi à un autre, on prépare un journal dont le titre seul est changé ainsi que le premier article. On fait un tirage d'une centaine d'exemplaires pour l'envoyer aux banques et aux compagnies de chemins de fer ; on a ainsi justifié de la publication du journal, et on ne perd pas le bénéfice des mensualités.

Certains font mieux, ils ne publient leur journal que lorsqu'ils sont assurés d'avoir une annonce ou une mensualité à recevoir. Et lorsque le chiffre qu'on leur alloue est trop faible, et qu'il ne leur laisse pas un bénéfice suffisant pour dépasser le chiffre des dépenses nécessitées par les frais d'imprimerie, il faut voir ces gens discuter leurs prétentions, le prendre de très haut, et, après avoir menacé d'éreinter l'affaire, ils s'en vont en criant très fort à la porte du bureau pour que tout le monde l'entende : « Je ne suis pas venu ici pour mendier ! Vous aurez de mes nouvelles ! »

L'effet de cette sortie virulente est immédiatement produit sur les cinquante ou soixante personnes qui attendent dans l'antichambre ou dans l'escalier le tour de leur numéro pour obtenir le petit chèque de l'émission !

A propos d'émissions, la place est toute trouvée pour rapporter ici un incident qui s'est produit lors de la première souscription pour la constitution de la Société de Panama.

Il vaut la peine d'être détaillé, car la fameuse commission d'enquête parlementaire constituée pour la recherche des chéquards panamistes a, depuis longtemps, cessé ses travaux inutiles et infructueux.

Le lendemain du jour où la publicité de cette société avait été distribuée, un député fort connu prit dans une embrasure de fenêtres du salon de la Paix, au Palais Bourbon, un informateur parlementaire et lui tint ce langage suggestif :

— Vous serez bien aimable, mon cher, d'annoncer dans vos informations que je suis décidé à questionner le ministre des finances et le Gouvernement sur la façon scandaleuse dont a été distribuée la publicité de Panama. Il n'est pas permis de jeter ainsi par les fenêtres l'argent des actionnaires !

— Mais vous pouvez bien comprendre que je ne pourrai jamais faire passer cette nouvelle dans ma rubrique, répondit le journaliste. Cela intéresse la partie financière et je n'ai pas le droit de m'immiscer là-dedans. Je risquerai de me faire flanquer à la porte du journal. »

Le député insista, et le journaliste promit d'en parler à son directeur. Si celui-ci l'autorisait à en parler, la nouvelle serait annoncée.

En effet, de retour au journal, le journaliste communiqua à son directeur ce qui lui avait été dit. Mais ainsi qu'il l'avait prévu, celui-ci répondit immédiatement qu'il ne fallait pas en souffler mot. Puis, au bout de quelques instants, il vint trouver son rédacteur et le pria d'aller voir de sa part la personne chargée de donner à la presse la publicité de la Société de Panama, et de lui communiquer l'intention du député.

Le personnage fut très ému par la nouvelle qu'on lui apportait.

— Connaissez-vous bien le député, demanda-t-il ?

— Ma foi, oui, répondit l'autre.

— Assez pour me l'amener au bureau de la Compagnie ?

— Je ne saurais le garantir. Tout ce que je peux vous promettre c'est d'essayer.

— Eh bien, si vous pouvez, amenez-le moi après-demain, à quatre heures.

Effectivement, le surlendemain à l'heure dite, le journaliste et le député se présentaient au siège de la Compagnie de Panama.

Aussitôt, ils furent introduits dans le

cabinet de M. Ferdinand de Lesseps, où se trouvait aussi l'agent chargé de distribuer la publicité et un troisième personnage.

Le journaliste présenta le député, puis il s'assit silencieux sans fournir d'autre explication.

La conversation s'engagea sous la forme que voici :

— Il paraît, Monsieur le Député, dit le troisième personnage dont il est superflu de citer le nom, que vous représentez un groupe très important de journaux de province, et que votre groupe n'a pas été inscrit sur notre liste de publicité dans l'émission qui va avoir lieu. C'est un oubli très regrettable. Nous avons décidé de réparer cette erreur. Nous allouerons une publicité de dix mille francs à vos journaux. Cela vous satisfait-il ?

— C'est maigre ! répliqua avec une moue dédaigneuse le député.

Les deux personnages se rapprochèrent de M. Ferdinand de Lesseps, se parlèrent à voix basse, et, au bout de quelques secondes, celui qui avait engagé la conversation reprit :

— Nous doublerons la somme, si cela vous va.

— Parfaitement, c'est convenu, dit le député en se levant, et après avoir serré la main des représentants de la Société de

Panama, il sortit accompagné du journaliste, qu'il se hâta d'ailleurs d'abandonner à la porte, de crainte, peut-être, d'être obligé de lui faire une petite part.

Le député est mort depuis longtemps. On peut donc raconter l'incident.

La peur du chantage joue un très grand rôle dans toutes les affaires financières qui ont besoin de la confiance du public et surtout du rentier, du petit capitaliste. Il a suffi souvent d'une série d'articles publiés dans un journal sans importance, sans valeur et sans abonnés pour provoquer une panique et occasionner un désastre irréparable. C'est pour cela que les directeurs de sociétés financières sont obligés d'arroser par des mensualités généreuses une multitude de maîtres-chanteurs qui s'intitulent journalistes, parce qu'ils font paraître de temps en temps un petit journal où l'éloge se paie au poids de l'or, et dans lequel on éreinte avec une mauvaise foi violente tous ceux qui ont refusé d'entrouvrir leur guichet de caisse.

On pourrait citer particulièrement le cas de l'un de ces publicistes qui est parvenu, par son aplomb, son audace et son habileté à provoquer des ruines épouvantables, et qui s'est créé une situation réellement prodigieuse et surprenante. Il est l'un des hommes les plus redoutés et les plus craints par toute la finance française, car il ne se contente pas d'attaquer les sociétés dans les quatre journaux financiers qu'il publie. Il assiste avec quelques comparses, à la plupart des assemblées importantes d'actionnaires, et il continue par la parole la campagne de dénigrements et d'attaques entreprises dans ses journaux. Parlant très bien, très maître de lui, fort intelligent, possédant à fond le sujet dont il va parler et l'ayant étudié avec attention, il demande la parole après la lecture du rapport, et toujours, après avoir déclaré qu'il n'a en vue que l'intérêt des actionnaires et de la société, il démolit pièces par pièces le rapport présenté par les administrateurs. Ce langage d'un actionnaire déclarant n'avoir d'autre mobile que son intérêt d'actionnaire a toujours forte chance de trouver des adeptes et des partisans parmi les gogos et les bas de laine qui apportent leur argent aux sociétés, parce que leur journal ou un prospectus alléchant leur a conseillé de s'intéresser à une affaire. Il ne faut pas autre chose qu'un discours bien tourné pour qu'un noyau d'actionnaires mécontents se forme, et lorsque ce petit groupement est fait, il n'est pas difficile de le grossir peu à peu. Et du coup la défiance s'empare de quelques-uns et la baisse des actions succède à l'offre de vente qui se produit nécessairement de la part de ceux qui ont peu et préfèrent perdre peu plutôt que de perdre tout.

La première fois que ce publiciste prit la parole dans une assemblée d'actionnaires, ce fut à la réunion de la Société de Crédit Général Français.

Personne ne connaissait auparavant cet actionnaire qui paraissait connaître à merveille tous les plus petits détails de l'administration de la Société qu'il attaquait.

Son discours fut un éreintement en règle du baron d'Erlanger et de la gestion du Conseil d'administration. Et comme, ma foi, il ne parlait pas mal, il fut fort applaudi.

Tous ces flots d'éloquence furent d'ailleurs dépensés en pure perte. Le rapport des commissaires fut approuvé par la majorité des actionnaires et toutes les propositions demandées par le Conseil furent votées malgré l'opposition de l'actionnaire mécontent qui avait voulu jouer un rôle d'empêcheur de laisser danser en rond les écus des autres.

Quelques semaines après, nouvelle réunion d'une Société inféodée au groupe financier du « Crédit Général Français », et nouvelle apparition du personnage venant défendre, disait-il, les intérêts des actionnaires contre MM. d'Erlanger et autres administrateurs.

La scène se répéta ainsi à trois ou quatre autres assemblées.

Cela devenait gênant, inquiétant.

Il fut convenu et décidé qu'on arrêterait cette campagne.

Il ne m'appartient pas de dire comment les intéressés y parvinrent; n'ayant pas été mis dans la confidence de ce qui advint. Mais le résultat fut que cet actionnaire aussi éloquent qu'intéressé défendait quelques mois après, dans les assemblées d'actionnaires, les rapports et les actes de ceux qu'il avait si violemment combattus.

Satisfait de ce côté, il n'eut garde de rester inactif, il tourna aussitôt son attention vers d'autres actionnaires dignes de sa sollicitude. Il ne tarda pas à publier un journal, puis deux, puis trois, puis quatre; la clientèle de ces journaux exigea bientôt la création d'une banque et finalement certain jour une demi-douzaine de changeurs se réunissaient sur son initiative et après avoir décidé de créer un syndicat de banquiers-changeurs, syndicat dans lequel chacun espérait être quelque chose, et ajouter ainsi un peu de crédit à sa maison, — l'ancien actionnaire du « Crédit Général Français », devenu journaliste et banquier fut élevé aux fonctions importantes de Président de la Chambre Syndicale des banquiers-changeurs de Paris.

Qu'il me suffise de dire que ce président n'est ni plus ni moins, qu'un ancien fournisseur des armées du Nord, en 1870, le même qui avait été condamné à trois années de prison pour avoir fourni, aux mobilisés de l'armée du général Faidherbe, des souliers dont les semelles étaient en carton, et des vareuses fabriquées avec de la laine effilée.

Ce distingué représentant de la presse financière est craint comme la peste par toutes les Sociétés financières, qui redoutent d'être attaquées par lui dans ses journaux ou dans les assemblées d'actionnaires.

Il est le Portalis de la presse financière.

Chose plus surprenante encore, tandis que de pauvres malheureux ayant eu l'infortune de commettre dans leur jeunesse une faute bénigne ne peuvent jamais parvenir à effacer cette trace infamante; alors qu'un misérable qui aurait été condamné à deux jours de prison pour avoir volé un pain parce qu'il avait faim ne pourrait pas obtenir le pardon de la société, ce fournisseur de souliers en carton a pu se faire réhabiliter par une Cour d'Appel, et effacer ainsi les considérants justement flétrissants d'un arrêt qui le déclarait indigne de paraître dans aucune bourse ou assemblée de commerce, qui lui interdisait d'exercer aucune fonction de courtier ou de prud'homme, et qui lui enlevait tous ses droits politiques.

Comment ? Par qui ? Par quel moyen cet arrêt de réhabilitation a-t-il été obtenu ?

. . . .

. . . .

Le fait est tellement scandaleux, tellement extraordinaire qu'il vaudrait la peine d'être éclairci, car il semble tout naturel que si un homme peut être réhabilité pour avoir commis, dans un moment d'erreur, un simple délit, il ne devrait pas être permis de réhabiliter un homme s'étant volontairement rendu coupable du crime ignoble de lèse-patrie, en fournissant à l'armée des souliers dont la semelle, après vingt-quatre heures d'usage se fendait par le milieu et laissait nos malheureux soldats pieds nus dans la neige.

Les Prussiens durent à cette cause la victoire de Saint-Quentin. Le fait a été juridiquement établi par les témoignages entendus à l'audience. (Voir la *Gazette des Tribunaux* des 27, 28, 29, 30 juin 1872, 1, 2, 3, 4, 5, 10, 12 et 13 juillet et 1er août 1872.)

Mais ce n'est pas tout, on ne s'est pas contenté de le réhabiliter, on lui a donné, trois mois après, comme publiciste, les palmes académiques !

Espérons que bientôt il sera décoré, en attendant le moment où il pourra se faire élire député dans un arrondissement disposé à se vendre au plus offrant et au dernier enchérisseur.

Aux élections de 1893, le personnage a d'ailleurs voulu tenter l'aventure.

Dans ce but, il débarqua subitement un soir dans un arrondissement voisin des Pyrénées, où il n'avait jamais mis les pieds, et où il supposait qu'un peu d'argent bien dépensé suffirait à lui gagner une majorité d'électeurs.

Un ancien secrétaire du général Boulanger l'accompagnait et était chargé de diriger la campagne; on avait même apporté plus de dix huit cents kilos de journaux, de brochures, photographies, circulaires, biographies, professions de foi, etc., qui devaient être distribués dans tout le pays.

Hélas! Au bout de vingt-quatre heures, toutes les illusions s'étaient évanouies.

Il n'osa même pas poser sa candidature, étant assuré d'avance de ne pas recueillir vingt-cinq voix, même au prix de tout son or.

Ce malin avait été simplement la dupe de cette agence Cesti dont il fut beaucoup question à l'époque du procès Norton.

L'aventure dut toutefois lui coûter cher. Depuis, il a certainement réparé ses pertes, dans les syndicats qu'il a créés pour la défense des actionnaires de la Société Decauville, de la Banque d'Escompte, et de la Société des Immeubles; ou dans le placement qu'il fait par ses journaux des parts de fondateur du Café Riche, du Palais de Glace et d'autres sociétés lancées à grand renfort de réclame.

CHAPITRE VI

Les agences d'informations. — L'Agence Havas — Son organisation. — L'Agence libre. — La lutte avec Ewig. — L'agence Dalziel. — Son succès éphémère. — Le coup de la *Cocarde*. — L'Agence Nationale.

Les journaux français, exception faite du *Temps* et du *Figaro* ont peu ou pas de correspondants à l'étranger et même en France. Toutes les nouvelles qu'ils publient leur sont communiquées par l' « Agence Havas. »

A vrai dire, il est impossible de pouvoir faire un journal politique sans avoir un abonnement aux services de cette agence. Non seulement elle donne dans les feuilles qu'elle envoie aux abonnés sept à huit fois par jour les nouvelles qui lui parviennent, mais elle ajoute à ces renseignements le résumé de tous les faits importants survenus en province, et aussi la traduction des articles des journaux étrangers. Elle est l'exutoire où viennent aboutir pour être transmises ensuite au public toutes les nouvelles politiques émanant du Gouvernement, soit officiellement, soit officieusement. Malheureusement, au point de vue de la politique extérieure, « l'Agence Havas » est bien souvent tributaire de l'étranger. Ne voulant pas avoir des correspondants sur tous les points du globe, les agences d'informations de Paris, de Londres, de Berlin, de Rome et d'Espagne ont conclu entre elles une entente et se communiquent mutuellement leurs dépêches. La majeure partie des télégrammes venant de l'extérieur et publiés par « Havas », émanent donc des agences correspondantes qui sont les organes officieux de leur gouvernement.

D'après leurs conventions, les agences se communiquent mutuellement les dépêches qu'elles reçoivent, et en signant cet accord, elles ont évité d'énormes frais de correspondants. Un seul correspondant sur certains points suffit, s'il arrive un incident, pour que toutes les agences en soient tout aussitôt informées, l'une directement et les autres par la communication de cette dépêche.

Les agences d'informations de l'étranger se contentent généralement de centraliser les dépêches et les nouvelles.

L'« Agence Havas, » elle, n'a pas que cette corde à son arc.

Elle centralise aussi et elle représente la publicité commerciale des journaux de province, elle est fermière des bulletins financiers d'une partie de ces journaux et comme elle n'aime pas davantage à avoir des concurrents dans la partie annonces que dans la partie informations, elle a syndiqué les deux ou trois agences qui ont des traités de publicité avec les journaux de Paris, et elle a pu ainsi établir à son gré le tarif de la publicité dans les journaux français.

Cette organisation puissante constitue un véritable monopole de la publicité des annonces commerciales.

Elle est d'ailleurs la cause véritable du peu d'empressement que le commerce et l'industrie manifestent, en France, pour la publicité.

Tandis que les journaux anglais ou allemands ont tous les jours des pages entières d'annonces, les journaux de Paris en contiennent à peine quelques misérables lignes — exception faite de deux ou trois feuilles.

Si l'industrie de l'annonce n'était pas monopolisée, elle serait meilleur marché et, conséquemment, elle serait beaucoup plus fréquente. Le commerçant la payant trop cher et étant obligé de payer un prix exorbitant, il choisit naturellement de préférence les deux ou trois journaux qui ont le plus fort tirage et la meilleure clientèle. Les autres n'ont presque rien.

« L'Agence Havas » s'est toujours très préoccupée de ne pas laisser s'établir une concurrence à côté d'elle. Elle a toujours réussi à faire disparaître ceux qui ont tenté de lui disputer son monopole, car elle sait qu'il ne peut y avoir place pour deux agences ; elle veut donc être seule à tirer profit et bénéfice de la situation.

Elle a absorbé ainsi et successivement toutes les agences qui se sont créées pour lui enlever sa clientèle. La *Correspondance universelle*, l'*Agence libre*, et une foule d'autres agences ont disparu après quelques mois d'existence, et lorsque leur capital était mangé, elles n'ont continué à vivre que pour la forme, étant devenues de véritables succursales de « l'Agence Havas, » qui avait alors intérêt à les faire subsister, parce qu'il y avait moins de chance de succès pour celles que d'autres auraient eu l'idée de fonder.

Deux fois seulement, l'« Agence Havas » a réellement couru un véritable danger, d'abord par l'*Agence Ewig*, et tout récemment par l'*Agence Dalziel*.

La lutte avec l'« Agence Ewig » fut longue, mais ceux qui l'avaient entreprise ne possédaient aucune des qualités nécessaires pour réussir, malgré les énormes capitaux mis à leur disposition.

Cependant, l'« Agence Havas » était nécessairement obligée de subir le contre-coup de la concurrence, puisque tous les journaux auxquels l' « Agence Ewig » faisait le service d'information représentaient autant de pertes pour l' « Agence Havas » qu'ils avaient abandonnée.

Mais cela n'était pas suffisant pour couvrir les frais énormes que nécessite le service et l'exploitation d'une agence.

Le capital de l' « Agence Ewig » fut englouti dans l'entreprise, et l' « Agence Havas » qui attendait le moment s'empressa d'absorber son concurrent, toujours en employant la même tactique, c'est-à-dire en le faisant vivre.

Lorsque Dalziel créa son agence, il s'était bien rendu compte de la situation.

Il ne faisait pas de doute pour lui que celui-là survivrait à l'autre qui pourrait plus longtemps supporter la concurrence.

De gros capitaux étaient donc nécessaires, et, en effet, il furent apportés à l'affaire.

Connaissant très bien les côtés faibles de l' « Agence Havas », sachant que beaucoup de traités à forfait avaient été autrefois accordés par elle à des journaux de province, traités devenus aujourd'hui une lourde charge et un sujet de pertes, à cause du ralentissement des annonces, les directeurs de l' « Agence Dalziel » s'étaient adressés aux journaux de province mécontents des offres nouvelles de renouvellement faites par « Havas », et à tous ils avaient offert des traités plus avantageux; à ce même moment, « Havas » refusait de renouveler ses traités existants et arrivés à expiration, et elle offrait des traités de beaucoup inférieurs aux anciens. La plupart de ces journaux lâchèrent « Havas » et s'empressèrent de s'engager avec l'« Agence Dalziel ».

Dans ses traités, « Dalziel » s'engageait à faire le service des informations télégrafiques à des prix moitié moindres que les tarifs d'« Havas ».

C'était plus qu'il ne fallait pour enlever aussitôt une grosse partie de la clientèle provinciale de l'« Agence Havas ».

Malgré le gaspillage effréné, le défaut d'administration et d'économie et le désordre qui présidait à ses destinées, l'« Agence Dalziel » avait pris dans la presse française une place considérable; on pouvait entrevoir le moment où elle aurait le dessus sur sa concurrente.

Il importait donc qu'« Havas » arrêtât les progrès de « Dalziel ».

Celle-ci avait bien dépensé déjà, en un an, plus de un million huit cent mille francs. Elle était à la recherche de nouveaux capitaux. Il était de toute nécessité pour « Havas » de trouver le moyen d'empêcher cette reconstitution de capital.

Pour cela faire, on usa du procédé suivant :

M. Dalziel étant anglais, et la société « Dalziel » étant anglaise, rien ne semblait plus facile et plus naturel que de faire dire qu'elle était subventionnée par le Foreing-Office et par l'Allemagne. Une telle affirmation produirait certainement une émotion et un scandale. Avec une campagne bien menée, l' « Agence Dalziel » devait sauter.

Un incident tout fortuit ou habilement préparé en fournit le prétexte.

L' « Agence Dalziel » ayant publié une dépêche dans laquelle le chauvinisme pouvait y trouver un manquement grave au patriotisme français, un journal qui avait la spécialité des scandales, entreprit une violente série d'attaques contre l' « Agence Dalziel » et contre ses directeurs.

D'autres journaux dont les attaches avec l' « Agence Havas » étaient bien connues emboîtèrent le pas à *La Cocarde* et menèrent grand tapage autour de l'affaire.

Or, dans la presse parisienne, il suffit d'un ou de deux journaux qui commencent une campagne pour que tous les autres suivent le lendemain, sans savoir pourquoi, et surtout sans se demander où on les mène.

Ce fut le cas.

En présence de l'universalité des journaux

parisiens qui poussaient des cris indignés contre l'« Agence Dalziel » et qui déclaraient, sans avoir le moindre renseignement, que l'argent de « Dalziel » était fourni par nos ennemis les Anglais et les Allemands, après une interpellation à la Chambre par un compère dûment stylé et qui, lui-même, sans aucun doute, ignorait le rôle qu'il jouait, les directeurs français de l'« Agence Dalziel » furent contraints de donner leur démission.

La désorganisation de l'« Agence Dalziel » étant complète, il devint impossible de reconstituer effectivement le capital nécessaire pour la continuation de la lutte et la marche régulière de l'affaire.

Le coup avait été réussi.

Dans cette lutte, « Havas » eut pour elle la presse de Paris dans laquelle beaucoup de journaux sont ses obligés, parce qu'ils lui doivent et ne peuvent la payer. Au contraire, une bonne partie de la presse de province l'avait abandonnée, c'est-à-dire celle qui fournit les meilleurs et les plus rémunérateurs bénéfices.

Si « Dalziel » avait pu tenir encore un an, c'en était fait de l'« Agence Havas ».

On s'explique donc pourquoi la campagne fut menée si active, si rude contre l'« Agence Dalziel », et le moment où, subitement elle fut entreprise aussi bien que le résultat indéniable qui a suivi, prouvent clairement que si le nom de l' « Agence Havas » ne fut pas prononcé dans la campagne entreprise par la presse de Paris, il y avait toutefois une main intéressée qui avait conçu le plan et dirigé toute l'action.

Pour ceux qui connaissent les dessous de la presse, il ne pouvait y avoir doute.

Il suffisait d'être renseigné sur ceux qui avaient pris la tête du mouvement. N'étaient-ils pas les amis bien connus de l' « Agence Havas ? »

L' « Agence Dalziel » fut donc obligée de se transformer quelques semaines après en « Agence Nationale ».

C'était l'agonie qui allait commencer.

Les inspirateurs et les bailleurs de fonds de la nouvelle combinaison étaient MM. de Mackau, député, et Joseph Odelin, ancien conseiller municipal de Paris, qui espéraient s'en servir utilement pour les intérêts du parti clérical dans les élections législatives.

En peu de mois, plus de cent cinquante mille francs furent gâchés et mangés.

Le directeur de l' « Agence Nationale » était un ancien magistrat qui avait été directeur du journal *Le Soir* pendant toute la période panamique, et il n'avait pas plus de qualités pour diriger une agence d'informations qu'il n'en avait eu pour présider aux fonctions de rédacteur en chef d'un journal.

L' « Agence Nationale » pour subsister fut obligée de se jeter dans les bras de l'« Agence Havas ».

Depuis ce moment, elle ne compta plus sérieusement, puisqu'elle n'avait plus de correspondants particuliers et que ses informations lui étaient communiquées gratuitement par l' « Agence Havas ».

Il paraît que cet ancien magistrat a abandonné la place pour la céder à M. Strauss, conseiller municipal de Paris.

Ce changement de personnes est de nulle importance.

L' « Agence Nationale » n'a pas continué et n'a plus la possibilité de continuer la lutte d'autrefois contre l' « Agence Havas ».

Simple réédition de l'histoire de l' « Agence Ewig » et de l' « Agence Libre ». L' « Agence Nationale » continuera à exister jusqu'à ce qu'il conviendra à l' « Agence Havas » de la faire disparaître.

CHAPITRE VII

Les agences d'informations parlementaires. — L'agence Toulouse. — Les nègres de Toulouse. — Les chèquards de Panama. — Les décorés. — La réception du matin au ministère de l'Intérieur. — Les députés réclamants. — Le Salon de la Paix. — Arton. — La liste de publicité du rapport Flory.

En dehors de « l'Agence Havas » et de « l'Agence Nationale », il existe deux ou trois autres agences de deuxième ordre, qui s'occupent plutôt d'informations financières que de nouvelles politiques.

Il y a aussi ce que l'on est convenu d'appeler les « Agences Parlementaires », qui n'ont des agences que le nom, et qui pourraient aussi bien s'appeler l'accaparement des informations parlementaires par une demi-douzaine de journalistes connus dans ce monde spécial.

Jadis, chaque journal avait son information parlementaire spéciale.

Aujourd'hui, quoique tous aient l'apparence de l'avoir, il y en a peu qui l'ont.

Les noms qui figurent sur le journal

appartiennent à des sous-ordres de ceux qui ont accaparé cette rubrique des journaux.

Les journalistes chargés auparavant de ce service, étaient fort bien rémunérés, et c'était mérité, car le métier est pénible et difficile; surtout, il demande beaucoup de relations.

Survint un jour, au Palais-Bourbon, un nommé Toulouse, qui représentait à la Chambre, le *Petit Méridional* de Montpellier.

Très actif, très insinuant, très adroit, il parvenait à connaître les nouvelles politiques dès la première minute, et quoique n'étant pas un littérateur distingué, il savait habiller les nouvelles et leur donner une forme qui attirait l'attention des politiciens et même des vulgaires lecteurs.

Lorsqu'il ne pouvait arriver à surprendre un secret, il inventait habilement, et le plus souvent la fausse nouvelle qu'il avait ainsi publiée amenait la divulgation de la vraie qu'il voulait connaître.

Nul mieux que lui ne savait tourner une nouvelle à sensation de nature à créer un embarras au gouvernement, s'il était dans l'opposition. Au Palais-Bourbon, dans le Salon de la Paix, il avait une bande de jeunes gens qu'il appelait ses « nègres » et qui faisaient son travail, tandis que lui causait dans les coins avec les députés ou les ministres, pour tâcher de leur arracher une indiscrétion.

Lorsque sa conversation avait pris fin, il appelait un de ses nègres et lui indiquait en deux mots la forme qu'il fallait donner à la nouvelle.

Le *Petit Méridional* ne pouvait suffire à son activité. Il voulut entrer dans les journaux parisiens. Et cela lui fut d'autant plus facile, qu'il proposa aux directeurs des journaux de faire le travail pour la moitié du prix qui était alloué au rédacteur en fonctions.

Certes, le procédé était canaille, mais il ne pouvait manquer de réussir auprès de certains directeurs peu scrupuleux.

Si le directeur était indécis, le patron des nègres n'hésitait pas à faire marcher le ministre de l'Intérieur, lequel était tout disposé à faire une démarche auprès du journal, démarche d'avance assurée du succès, surtout si le journal était ministériel et s'il était subventionné.

Ayant, par le rabais, obtenu la correspondance de deux ou trois autres journaux importants de province, qui le chargèrent de tout leur service d'informations télégraphiques, et de plus, disposant de la rubrique des informations politiques dans sept ou huit journaux importants de Paris, le journaliste Toulouse était une véritable puissance parlementaire.

Un gouvernement était obligé de compter avec lui, et il gagnait de l'argent, beaucoup d'argent. Les directeurs de la loterie des Arts décoratifs ont dû le savoir.

Cela s'explique aisément, parce que s'il était moins bien payé par ses journaux de Paris que les rédacteurs auxquels il avait succédé, il payait lui-même le moins possible, presque rien, les nègres qu'il employait à son travail matériel. Et, d'autre part, il ne faut pas omettre ce détail important, que les ministres de l'Intérieur qui se succédaient, ayant tout intérêt à être bien avec lui et à se servir des moyens dont il disposait, reconnaissaient à leur tour les services qu'on leur rendait, par une généreuse distribution de fonds secrets.

Cet accapareur du service des informations parlementaires a eu, on le pense bien, des imitateurs et des concurrents.

Au début, tous ces gens-là se sont jalousés mutuellement.

C'était à celui qui cacherait le mieux les nouvelles qu'il recueillait, et on était certain, quand ils se laissaient aller à donner un renseignement à quelqu'un, que c'était une fausse nouvelle.

Mais Toulouse mourut subitement et ses deux principaux acolytes ayant pris sa succession, les jalousies de métier, les taquineries des premières heures s'effacèrent. Les divers concurrents ont bientôt fini par conclure un accord tacite, nécessité, sans doute, par leur propre intérêt, l'intérêt des affaires !

Ceux qui ne sont pas initiés aux dessous du Salon de la Paix se demanderont pourquoi il peut se rencontrer un intérêt d'affaires dans le métier d'informateur parlementaire ?

Qu'il me suffise pour le démontrer de citer les noms de quelques journalistes ayant figuré sur la liste des chéquards de Panama, par exemple, M. Héiment, qui fait le service des informations de trois importants journaux et qui toucha d'Arton un chèque de 6.000 francs; M. Canonne, rédacteur de *La Liberté*, inscrit sur la liste d'émargement pour 2.000 francs, et enfin les deux personnages qui, à cette époque, étaient les plus connus des informateurs parlementaires, le successeur de Toulouse, porté sur les listes de Panama pour 92.300 francs et M. Canivet pour 75.000 francs.

Mais dans cette affaire, comme dans beaucoup d'autres où ce sont les membres d'un pseudo-syndicat qui sont censés toucher, il advient que ceux qui ont la mission de distribuer aux autres sont ceux qui gardent pour eux presque tout, et de plus ceux qui sont susceptibles d'être syndiqués sont la minorité des journalistes parlementaires, ce sont ceux qui seraient capables de crier s'ils apprenaient que d'autres ont touché et pas eux. Le plus grand nombre ne palpèrent qu'un petit bouche-l'œil, à peine quelques billets de cent francs, tandis que ceux qui avait opéré le coup, gardaient le gros morceau. Ils n'avaient consenti, ceux-là, à laisser tomber quelques miettes de leur table bien servie, que pour empêcher les autres de crier la faim et de divulguer le pot-aux-roses.

Après avoir lu dans le rapport de M. Flory, la liste de ceux qui ont touché, je me demande, moi qui connais bien le personnel, quels sont les autres à qui on aurait pu distribuer. Tous ceux capables d'accepter, figurent dans le rapport Flory, et n'ont pas eu besoin d'un ou de plusieurs intermédiaires.

La distribution panamesque a-t-elle eu des répétitions ?

Je n'oserais pas le dire, mais je me garderais bien aussi d'affirmer le contraire. Le dépôt du projet de loi sur le renouvellement de la Banque de France, les diverses lois de conversion sur les rentes, et enfin quelques élections contestées ont certainement servi de prétexte à la formation de syndicats de même genre.

N'en ayant point la preuve, aucune affirmation n'est possible, et si les voûtes du Salon de la Paix ont quelquefois répété l'écho de ce bruit, je veux croire que c'était une fausse nouvelle, comme il s'en fabrique tant dans cette spacieuse salle dont la hauteur est telle, que souvent ce qui se dit en bas ne parvient pas au plafond.

Il ne faudrait pas se figurer d'ailleurs que le ruban rouge s'accorde, dans ce monde, aux plus dignes, aux plus honnêtes.

La liste des chèques de Panama est au contraire la preuve que les plus gros chiffres ont été donnés aux plus décorés.

Parmi ceux-là, il en est un à mine de jésuite et de faux magistrat austère qui, d'après les racontars, n'aurait eu son ruban rouge, — n'ayant point d'autre titre à faire valoir, — qu'en embêtant tous les jours le ministre en lui répétant quotidiennement : « Ça ferait tant plaisir à ma mère ».

Le ministre, pour s'en débarrasser, le décora ; et le Panama le mit sur sa liste... aussi pour faire plaisir à sa mère.

Tous les matins, à onze heures, et spécialement les mardis, jeudis et samedis, après la délibération du Conseil des ministres, les journalistes informateurs parlementaires se rendent au Ministère de la place Beauvau, où le ministre de l'Intérieur leur dit en quelques mots la nature et l'objet des délibérations qui ont eu lieu.

Le ministre les reçoit en groupe et leur dit ce qu'il veut bien leur dire. Lorsqu'il a terminé et que presque tous les journalistes se sont retirés, les privilégiés, ceux qui défendent la politique gouvernementale, restent dans le cabinet ministériel, et c'est à eux que sont données les nouvelles importantes, celles qu'il faut présenter sous une certaine forme afin que le public puisse bien les accueillir.

Ceux-là ont pour habitude de défendre toujours et quand même la politique ministérielle et la personne de celui qui est au pouvoir.

Quel qu'il soit, et à quelque opinion qu'il appartienne, ces thuriféraires constants embouchent avec emphase la trompette de louange pour le ministre de l'Intérieur.

Cette constatation est d'autant plus surprenante que certains sont les informateurs de journaux payant mal, et souvent pas du tout leurs rédacteurs.

Mais un ministre n'a-t-il pas tout intérêt à s'attacher des gens dont il a le plus grand besoin, qui rédigent dans le sens qu'il veut toutes les nouvelles politiques et qui sont assez habiles pour les faire publier, même dans les journaux d'opposition?

« C'est une nécessité politique! me disait un ministre. »

Cette nécessité n'existe que depuis une

dizaine d'années, et il a passé à la place Beauvau des ministres qui se dispensaient bien de cette nécessité.

Malheureusement pour eux, les nouvelles politiques publiées par les journaux de toutes nuances n'étaient jamais présentées sous une forme agréable pour le Gouvernement.

Un confrère, très au courant des dessous de la visite quotidienne des journalistes à la place Beauvau, me posa un jour une question assez originale.

— Ne trouves-tu pas, me dit-il, qu'à des époques périodiques les informations de de certains journaux prennent une forme toute particulière et presque comminatoire ?

— A quel moment ?

— Au moment du terme.

Le coup était fait par un journaliste étranger... mais rédacteur dans un journal français, qui avait trouvé ce moyen ingénieux pour payer son terme. Il avait pour excuse que les deux journaux qu'il informait le payaient mal, et alors il faisait chanter le ministre qui se laissait faire débonnairement.

Depuis que le scandale a éclaté sur les affaires de la presse, ce journaliste a pris la fuite. Il n'a pas attendu la visite de M. Clément.

Beaucoup de députés ont bien soin de ne

jamais être mal avec les journalistes. N'a-t-on pas vu des hommes de grand talent, Amagat par exemple, être démolis en quelques jours par une cabale de presse. Pourquoi ?... Ceux-là même qui l'avaient éreinté en ignoraient le motif. Et durant toute leur carrière parlementaire ces victimes ont subi les conséquences de cet accueil fait par la presse.

Au contraire il existe dans le monde des députés, des nullités colossales qui acquièrent une notoriété énorme, nullement en rapport avec leur valeur, et cela simplement parce qu'ils sont constamment dans le Salon de la Paix, tapant sur le ventre des journalistes, leur donnant des nouvelles, et leur rapportant tout ce qui se passe dans les couloirs intérieurs dont l'entrée est interdite aux représentants des journaux. Cette catégorie de députés ne laisse passer aucune occasion de se faire de la réclame. Leurs moindres actes, leur plus petite demande pouvant intéresser leurs électeurs et les faire valoir auprès d'eux sont pompeusement annoncés par la presse. Si un de ces députés est allé rendre visite au Président de la République, qui n'a pu s'empêcher de le recevoir, il n'a garde de manquer de le faire annoncer. Ça le pose dans sa circonscription, et pendant les vacances, lorsqu'il est avec les membres influents de son Comité et avec ses agents électoraux, il se gonfle pour dire chaque fois qu'il parle du Président de la République. « Mon excellent ami Casimir Perier ». Autrefois il disait : « Mon grand ami Carnot » ou « mon vieil ami Grévy ».

Pour ceux-là, il n'est pas nécessaire que le secrétaire général de la Présidence communique aux journaux la liste des personnes reçues par le Président de la République.

Le *Figaro* du 25 novembre s'est chargé dans une note qui émanait évidemment d'une origine officieuse de donner une leçon méritée à cette catégorie d'honorables. Voici l'extrait du *Figaro* :

« En prenant possession du pouvoir, M. Casimir-Perier décida que personne ne serait reçu à l'Elysée aux audiences du matin, sans que les journaux en fussent aussitôt informés. Il le fit dans un but très louable. Il tenait à prouver qu'il voulait vivre au grand jour et n'avait rien à cacher. Il eût souhaité, comme il le disait, que l'Elysée fût une maison de verre.

« Mais bientôt apparurent les inconvénients de ce mode de procéder. Etre reçu fréquemment chez le chef de l'Etat étant pour certains hommes politiques un moyen de réclame et, pour des députés notamment, une cause de prestige auprès de leurs électeurs, il en est qui prirent l'habitude de multiplier leurs visites à l'Elysée, non qu'ils eussent à y faire des communications importantes, mais parce qu'elles leur fournissaient le moyen de se rappeler au public sous la forme la plus flatteuse et la plus propre à donner, de leur influence et de leur crédit, une haute idée.

« Le Président ne pouvait leur fermer sa porte. Il est de droit que sénateurs et députés soient reçus sans lettre d'audience. Il les recevait donc, non sans se dissimuler que certaines de ces assiduités ne laissaient pas d'être compromettantes, qu'elles étaient sans utilité, et donnaient, au regard du public, une apparence d'intimité à des relations qui, en fait, n'avaient rien d'intime et ne semblaient l'être qu'en raison de la persévérance que mettaient à se présenter quelques-uns des visiteurs.

« L'inconvénient devenait plus sensible lorsque, parmi ces visiteurs persévérants, s'en trouvaient dont des affaires antérieures et plus ou moins retentissantes avaient mis le nom en lumière. Leurs visites réitérées et connues aussitôt du public rappelaient ces affaires et y mêlaient en quelque sorte le Président en le représentant comme enclin à en oublier le caractère ou disposé à ne pas tenir compte du pénible souvenir qu'en a gardé l'opinion.

« Finalement, M. Casimir-Perier s'émut de cette tendance de quelques-uns à faire croire à une familiarité qui n'existe pas, et, pour mettre un terme à un abus qu'il considérait comme excessif, il décida que la liste des personnes qu'il recevait cesserait d'être communiquée aux journaux. »

Donc l'Elysée ne communique plus à la

presse la liste des personnes qui sont reçues aux audiences du Président de la République. Mais il faudrait être bien naïf, pour croire que cette décision a pu gêner en quoi que ce soit ceux qui sont visés. Si la liste n'est pas communiquée aux journaux directement et officiellement, rien n'empêche les journaux de publier que M. X... ou M. Y... ont rendu visite au Président de la République.

On ne communique pas à la presse la liste des députés et des sénateurs qui vont le matin en quémandeurs chez les divers ministres.

La liste en serait trop longue et trop fastidieuse. Mais ceux qui éprouvent la nécessité de se faire une petite réclame n'hésitent jamais à prendre un journaliste dans un coin et à lui demander d'annoncer qu'ils ont fait visite le matin au Président de la République ou à tel ou tel autre ministre.

Ces mêmes députés, lorsqu'il y a convocation dans les bureaux, pour la nomination de commissions importantes ont un moyen certain de se mettre en évidence.

— « Vous n'avez pas besoin de vous préoccuper de mon bureau, disent-ils aux journalistes, je vous ferai une petite note. »

Et en effet, ils rédigent une note très détaillée et très complète de ce qui s'est passé Ils ont surtout eu soin d'y mettre un paragraphe pour expliquer ce qu'ils ont dit eux-mêmes.

Ce qu'ils ont dit est en réalité parfaitement insignifiant, et cela n'a pas été long, à peine deux minutes. Mais dans le compte-rendu ainsi rédigé, ces quelques mots paraissent être le résumé d'un long discours.

Après avoir remis sa note au premier journaliste qu'il rencontre, le député réclamard va d'un journaliste à l'autre, et à chacun il répète : « J'ai donné le résumé du 7ᵐᵉ bureau à un tel, dites-lui de vous le communiquer. »

Le lendemain, l'électeur d'Avignon ou de Vouziers qui lit dans son journal le compte-rendu de la discussion du 7ᵐᵉ bureau est persuadé que son député est un orateur de grand talent !

Et si un journal local d'opposition reproche au susdit député d'être une moule, et de ne jamais parler à la tribune, l'électeur réplique avec dignité dans les discussions qui ont lieu au café du village à ce sujet : « Si notre député ne parle pas souvent à la tribune, ce n'est pas un motif pour dire qu'il ne prononce jamais de discours. Ceux qui parlent à la tribune prononcent des paroles pour ne rien dire. Ceux-là seuls travaillent utilement qui prennent part aux discussions des bureaux et des commissions. Ce sont les véritables travailleurs. Les autres ne sont que des blagueurs. »

Voilà comment se fait l'histoire et comment elle se travestit!

Lorsque, par hasard, ils ont été élus commissaires, — soit parce que c'était une commission d'initiative ou de peu d'importance, soit parce que la plupart des collègues s'étaient abstenus de venir prendre part à l'élection, — ces députés s'empressent de faire annoncer leur nomination dans les journaux de Paris, et comme ceux-ci n'ont pas l'habitude de rendre compte de ce qui se passe dans les commissions insignifiantes, ce sont les correspondants des journaux régionaux de province qui sont gratifiés de la communication rédigée par le personnage.

Voilà le monde et le milieu dans lequel opéra Arton!

Quoique n'ayant jamais figuré sur les carnets de cet habile corrupteur, j'ai eu l'occasion de le connaître et de me rencontrer assez souvent avec lui.

Soit par d'autres, soit par lui, je connaissais les tripotages de l'émission de Panama, bien avant que le scandale eût éclaté.

J'étais même à Londres lorsqu'il prit la fuite, après le scandale de la Société de dynamite, et me trouvant le même jour chez

Rochefort, nous vînmes à parler de cette affaire.

Sans penser à mal, je racontai à Rochefort le rôle joué par Arton dans l'affaire de Panama, et j'étais loin de supposer que le rédacteur en chef de l'*Intransigeant* se servirait de notre conversation pour en faire le sujet de son article du lendemain.

Ma surprise fut extrême en débarquant à Boulogne de me trouver imprimé tout vif dans l'*Intransigeant*.

Pour une fois, j'avais été interwiewé ! et j'avoue que j'en étais fort effrayé, car les conséquences pouvaient en être énormes. Rochefort, avec son esprit et sa verve, mettait au défi M. de Beaurepaire — si Arton était pris, ce qui n'était pas à prévoir — de lui dire : « Jusqu'ici, nous n'avons encore vu que le talon de vos bottes, montrez-nous donc le talon de vos chèques ? »

Je savais en effet que le talon des chèques subsistait, mais sans savoir où il se trouvait ; et je l'ignorais d'autant moins que je tenais le renseignement d'Arton lui-même.

La liste de ceux qui ont encaissé les chèques de la Société de Panama n'a jamais été publiée par les journaux. Elle est cependant toute entière contenue dans le rapport de l'expert Flory, chargé par la Cour de Paris de vérifier les écritures de la Compagnie.

Aucun journal n'a osé la publier. Tous les maîtres-chanteurs de la presse y figurent, à côté de journalistes ayant réellement rendu des services de publicité à la Compagnie. Et cette liste est bien instructive, bien intéressante à parcourir, à compulser et à étudier.

Il y a, dans le nombre, des journalistes parlementaires qui ont touché de très fortes sommes, non seulement sous leur propre nom, mais aussi sous un pseudonyme. D'autres ont palpé eux-mêmes et ont fait palper par leurs fils ! On y trouve de tout dans cette liste : des journalistes échotiers de théâtre, des rédacteurs chargés de la politique étrangère, des secrétaires de Compagnies de chemins de fer, des soiristes, des chroniqueurs, des romanciers, des rédacteurs de courses, et même des directeurs de théâtre !

Tous ces gens sont censés représenter la publicité d'un journal !

Les uns ont obtenu le chèque, parce qu'ils étaient au courant de la distribution dont était chargé Arton, dans la Salle de la Paix du Palais-Bourbon ; d'autres parce qu'ils étaient les amis des maîtresses d'Arton ; quelques-uns parce qu'ils ont réclamé une part à la distribution, sous menace de divulguer la corruption qui se triturait d'une façon aussi publique qu'éhontée.

Cette longue liste de chéquards est aussi très amusante par les chiffres qui figurent à côté de certains noms.

Quel service a-t-il pu rendre à la Société de Panama le journaliste parlementaire qui a été inscrit comme ayant touché la forte somme de 92,300 francs ? En quoi les services de celui-ci, malgré son importance relative, valaient-ils mieux que ceux de l'autre à qui on jetait en pâture un petit chèque de 250 francs ?

Le comble est que parmi les journaux cités comme ayant émargé et ayant fait de la publicité, on cite le nom de journaux n'ayant jamais existé, ou n'existant plus depuis longtemps !

Dans cette catégorie, je dois mentionner le *Réveil des Pyrénées-Orientales* (et groupe) porté pour une somme de 1,000 francs.

C'est encore une jolie petite escroquerie commise par quelqu'un qui n'a pas osé se nommer !

Je crois savoir que ce journal n'existait pas et son groupe encore moins.

Qui donc a touché le chèque ?

Ce mot de groupe revient très souvent sur la liste.

D'abord, on trouve le nom du directeur d'un journal, puis le nom du journal, ensuite celui de l'administrateur, et enfin le fameux mot « et groupe. »

Cela fait quatre lignes, et à chacune est accolé un chiffre respectable qui a été payé.

Si on remarque les noms de ces journaux, on constate que ce sont les moins importants, mais en revanche les plus acharnés à la curée.

Sans avoir vérifié les livres de ces journaux, je suis bien certain, d'avance, qu'il n'est entré dans la caisse du journal que le chiffre porté à côté du nom du journal lui-même. Et encore a-t-il été allégé de 25 0/0 à titre de commission ! Le reste, c'est-à-dire la commission, le chiffre personnel du directeur, celui au nom de l'administrateur, et enfin celui attribué au prétendu groupe, tout est entré dans la même poche, celle du directeur.

Cette scandaleuse distribution d'argent se reproduit chaque fois qu'il y a une émission quelconque, — quoique avec moins de profusion.

Dans toutes, il y figure sous le chapitre de la publicité, un tas de gens qui se disent journalistes, ou qui le sont — parce qu'ils ont été assez malins pour se faire inscrire une première fois. Si on recherchait pourquoi on leur donne cet argent, on verrait que c'est tout simplement pour éviter un chantage de leur part. Mais lequel est le plus coupable de celui qui paie avec l'argent des autres ou de celui qui reçoit ?

Je dois ajouter qu'il y a aussi des gens du monde qui émargent des chèques importants dans la plupart des émissions. Ceux-là sont payés pour dire du bien de l'affaire dans leur cercle et dans le monde. Peut-être sont-ils simplement payés pour ne pas en dire du mal.

CHAPITRE VIII

Les Décorations et les Commanditaires de journaux. — Les grands Industriels. — Les Directeurs temporaires.

Les journaux ont toujours exercé une très grande influence sur le Gouvernement pour faire donner à tel ou à tel autre industriel ou commerçant le ruban rouge de la Légion d'honneur.

Le nombre est considérable des gens qui ont obtenu cette distinction par l'appui des journaux. Non pas que ces industriels n'eussent pas les titres nécessaires pour être décorés, mais bien parce qu'il ne suffit pas de les avoir. Si on devait décorer tous ceux qui méritent de porter la croix et qui n'ont jamais fait la moindre démarche pour l'avoir, il faudrait modifier la loi sur l'obtention des décorations et autoriser le gouvernement à donner dix ou vingt nouvelles croix par chaque extinction de légionnaire. La chasse au ruban est donc très courue et les directeurs de certains organes officieux ont dans cette clientèle de postulant un gibier facile à plumer.

Un manufacturier ou un négociant très riche à qui les obligations d'une grosse industrie, le souci d'affaires conséquentes et la surveillance d'un nombreux personnel donnent une occupation quotidienne et constante ne peut perdre plusieurs mois ou plusieurs semaines pour intriguer auprès des ministres. Cependant, s'il ne se remue pas, s'il ne fait pas mouvoir une influence décisive, la promotion sera signée sans que son nom ait figuré à l'*Officiel*.

Il peut bien compter sur un ou sur plusieurs députés ou sénateurs qui l'appuieront; le ministre a promis, il a donné sa parole, il s'est engagé d'honneur, et malgré cela, à la dernière minute, le nom a été biffé de la liste pour y mettre celui d'un petit négociant de province ou d'un conseiller général, agents électoraux d'un personnage influent.

Enfin, il y a toujours une excuse que le ministre peut donner. Il y a huit décorations à distribuer dans son ministère, et les demandes sérieusement appuyées et réellement motivées dépassaient plusieurs centaines.

Donc, pour arriver, il faut ajouter aux recommandations des députés ou sénateurs le poids d'une influence décisive, plus capable de faire sentir à un ministre, s'il refusait, que le lendemain pourrait lui réserver des surprises désagréables.

Les directeurs de certains journaux, dont la caisse est plus souvent vide que garnie, savent faire comprendre à de riches postulants de la Légion d'honneur tous les avantages qu'ils ont à retirer d'une commandite.

Le résultat est représenté comme ne devant pas manquer et souvent celui qui est assez riche pour payer sa fantaisie de gloriole consent, dans cet espoir, à apporter beaucoup d'argent pour la reconstitution de la société d'un journal qui en est réduit aux expédients.

Il me serait facile de citer beaucoup de noms de commanditaires de journaux, n'ayant pas réussi pendant plusieurs années à décrocher le ruban si désiré, malgré les démarches des députés, et qui l'ont enfin obtenu après avoir mis plusieurs centaines de mille francs dans un journal.

Ceux qui, n'étant pas grands industriels, veulent se faire décorer quand même, ont encore, par la presse, un moyen infaillible de satisfaire leur vanité. Ils n'ont qu'à acheter un journal gouvernemental qui ne fait pas ses frais. On s'improvise de la sorte directeur de ce journal, et au bout de quelques mois on est décoré.

L'aventure coûte cher, mais lorsqu'on n'a

pas d'autres titres, et qu'on peut y mettre le prix, c'est suffisant.

Il y en a beaucoup qui ont opéré de cette manière et qui ont réussi.

Pourquoi citer leurs noms, puisqu'ils n'ont plus rien de commun avec la presse ?

Ils n'auraient peut-être pas été capables de faire une dictée sans l'émailler de fautes d'orthographe ; et en leur donnant le ruban de la Légion d'honneur, le gouvernement avait cependant l'air d'honorer les belles-lettres. Quelle comédie !

CHAPITRE IX

Quels sont les journaux qui font du chantage. — Les besoins de quelques directeurs. — Comment on en arrive au chantage. — L'Écumeur d'affaires. — C'est le premier chantage qui coûte. — Le record des maîtres-chanteurs.

Je crois avoir dit que les journaux qui font du chantage sont généralement ceux qui ne peuvent pas arriver à gagner de l'argent par des moyens honnêtes.

A cette règle, il est juste de faire des exceptions, notamment en faveur d'un organe demi-mondain où l'exploitation du chantage a toujours été le principe de la maison. J'établirai cela par des faits précis, et on ne niera certainement pas la vérité de cette allégation.

Ce journal a été, pendant un temps, dans une bonne situation commerciale, et les directeurs qui s'y sont succédé depuis sa fondation possédaient tous de la fortune. Ce ne pouvait donc pas être pour leurs besoins personnels que le chantage était fait ou toléré.

Au contraire, dans la plupart des autres journaux ayant l'habitude de faire chanter, la cause originelle est la position besogneuse du directeur dont les goûts de dépense, le train de vie et le luxe ont besoin, pour être alimentés, de ressources qui ne figurent pas sur les livres du journal.

D'ailleurs, si les recettes du chantage devaient figurer sur les livres et sur la comptabilité, il y a lieu de croire qu'on ne serait pas si ardent, si entreprenant et si exigeant.

D'autre part, prétendre que tous les produits des chantages de certaine presse passent dans la poche de ces directeurs, serait donner aux faits réels une exagération trop forte, mais il est néanmoins certain que la majeure partie ne figure sur la comptabilité que pour un chiffre dérisoire, et lorsqu'il est inscrit, il figure comme « publicité ». La publicité est pour les journaux le meilleur moyen de masquer le chantage.

En supposant que les frais matériels du journal soient couverts, que la caisse ait de l'argent pour les payer, le traitement officiel des directeurs de ces journaux ne doit pas excéder dix-huit à vingt mille francs.

Certes, il y a là de quoi vivre aisément.

Mais, que représente cette somme dans l'existence de quelques-uns ?

Une petite goutte d'eau dans la mer ! pas même l'argent de poche !

Plusieurs ont un train de maison qui absorbe beaucoup plus que cette somme. Et les frais de la voiture de maître dans laquelle ils se trimballent toute la journée ! Et les dîners et les soupers avant et après le théâtre dans les grands restaurants à la mode ! et les femmes ! et le jeu ! et tout le reste qui coûte si cher à Paris lorsqu'on veut faire grand et paraître beaucoup plus qu'on ne peut !

Bref, c'est tout cela qui oblige certains personnages à abuser de la situation et de la force que leur donne le journal qu'ils dirigent.

Lorsqu'ils ont eu la chance, à force d'intrigue et d'habileté, de s'emparer d'un journal, parce que le précédent commanditaire y avait dépensé beaucoup d'argent quoique sans avoir pu arriver à nouer les deux bouts du budget — ces journalistes ou ces industriels ont supposé qu'ils seraient plus adroits, plus intelligents et qu'ils réussiraient là où d'autres avaient échoué.

Les premiers mois, tout avait assez bien marché, — la caisse avait été bien garnie par un financier ou par un amateur de décoration. La rédaction était assez régulièrement payée. L'imprimeur et le marchand de papier étaient à jour. L'argent n'en filait que plus vite, et il ne rentrait pas ; mais on se disait après tout que lorsqu'il n'y en aurait plus, on décrocherait bien un nouveau bailleur de fonds. Hélas! tout le capital, les cinquante ou cent mille francs qui avaient constitué l'entrée de jeu en reprenant le journal avaient été mangés, puis il avait fallu vivre quelques mois sur le crédit.

Mais le crédit s'épuise vite, parce que les chiffres montent trop facilement dans cette industrie. Huit cents francs ou mille francs de frais par jour, c'est énorme lorsqu'on n'encaisse que deux ou trois cents francs, et cela fait rapidement un joli déficit à la fin du mois.

Lorsqu'il faut réserver la recette du jour pour payer le lendemain chez l'huissier la créance dont on ne peut plus retarder le paiement et qui peut vous faire déclarer en faillite, il est rare que le directeur ait ses appointements payés.

D'autre part, les rédacteurs qui trouvent le guichet fermé à la fin du mois ne se gênent nullement pour le répéter à la cantonade, et ceux qui ne veulent pas travailler à l'œil pour le simple agrément, au bout de plusieurs mois de se faire payer leurs appointements avec des billets destinés à rester impayés, quittent successivement la maison. Bientôt, les quelques recettes courantes, au lieu de monter dégringolent, et avec d'autant plus de rapidité que le journal est plus mal fait et qu'il se vend moins.

A ce moment, survient l'écumeur d'affaires louches qui, sachant le directeur embarrassé, espère tirer profit de cette situation pour pêcher en eau trouble.

Il vient proposer une bonne affaire ! Pas très propre, pas très morale, mais qu'importe, il y a de l'argent au bout.

C'est une société-industrielle, c'est même un simple particulier qui est dans un mauvais cas. On a tout intérêt à ce que la chose ne s'ébruite pas.

— Voulez-vous, demande t-il au directeur du journal, que je tente adroitement une démarche ? J'ai un aboutissant sûr. Soyez sans crainte.

— Soyez prudent, répond l'autre, et surtout ne dites pas que vous venez de ma part, je ne veux y être pour rien.

— Oh ! soyez sans crainte. Je ne vous connais pas, mais pour mieux le faire croire, il faudrait que ma démarche fût motivée par quelque chose. Pourquoi ne mettriez vous pas dans le journal, aujourd'hui même, une petite note annonçant qu'un scandale retentissant est sur le point d'éclater, que vous n'avez point voulu en parler avant d'avoir voulu contrôler les renseignements qui vous sont parvenus en dernière heure, mais que vous serez en position d'en donner demain tous les détails.

— Parfait, s'écrie le directeur, et alors vous avez le moyen d'être amené directement pour arranger la chose dans leur propre intérêt et dans le seul but de leur être agréable.

Le coup réussit, et l'intermédiaire, aussi adroit qu'heureux, empoche le tiers tandis que le directeur met le complément, non pas dans la caisse du journal, mais dans sa poche.

S'il l'avait mis dans la caisse, il aurait fait les affaires de son commanditaire. Or, celui-ci qui s'aperçoit décidément qu'un journal coûte trop cher et qui ne veut plus donner d'argent, est sur le point de se retirer complètement de l'affaire.

Verser de l'argent au journal serait donc le moyen de reculer le moment où tout contrôle aura disparu. Ce moment ne doit pas tarder à survenir, et, du coup, le directeur n'aura plus aucune explication à fournir à qui que ce soit, et il aura toute liberté pour recommencer à son aise ce qui lui a si bien réussi une fois sans le compromettre.

Dans le chantage, comme en bien d'autres choses, il n'y a que le premier pas qui coûte.

Celui qui, une première fois, a fait chanter, parce qu'un intermédiaire, complice intéressé, a su assez bien lui présenter la chose, et parce que l'argent est toujours bien accepté, d'où qu'il vienne, lorsqu'on en a absolument besoin, recommence sans scrupule, mais avec timidité et il continue ensuite avec cynisme et âpreté.

Finalement le chantage devient une habitude, et pour ce directeur, il constitue le seul intérêt de son journal.

Et d'ailleurs, ce maître-chanteur est tellement préoccupé de trouver de l'argent, soit de droite, soit de gauche, n'ayant plus d'actionnaires ou de commanditaire pour lui en fournir — qu'il n'a pas même le temps matériel de donner à la rédaction du journal quelques minutes par jour.

Aussi, le journal est fait à coups de ciseaux. Il n'y a plus dans la rédaction que trois ou quatre journalistes parmi lesquels un ou deux députés ou sénateurs qui restent de peur de ne pas trouver ailleurs un réceptacle de leur prose, et qui continueront à collaborer parce que leur signature dans un journal constitue pour eux un levier parlementaire et une force politique.

Ce métier de directeur n'est pas précisément une existence agréable pour ces hommes assaillis d'ennuis quotidiens et de difficultés incessantes.

Pensez donc que tous les matins, en se levant, ils sont obligés de se dire qu'il leur faut cinq cents francs ou mille francs pour faire paraître leur journal.

Le directeur lui-même a des créanciers qui le poursuivent, et il ne veut pas renoncer à son luxe et à ses habitudes de dépenses. Cet homme serait à plaindre, s'il ne faisait pas le mal, car il n'a pas le droit d'être malade ou de s'en aller en voyage.

Un mois de maladie, c'est la faillite certaine du journal !

Que deviendrait-il ensuite ?

C'est pour cela qu'il retarde la solution, qu'il lutte autant qu'il peut. Il sent très bien que cela ne durera pas éternellement, mais après tout, plus il aura traîné, plus longtemps il aura profité d'une situation qui donne à sa vanité, à son orgueil et à sa morgue une satisfaction qui le dédommage, le flatte et le console des difficultés contre lesquelles il se défend sans cesse et tous les jours.

Comment veut-on que cet homme n'en arrive pas à excéder la mesure en tout ?

Puisque son journal, dont il n'a plus le temps de s'occuper, et dont il a abandonné la confection à un secrétaire, dégringole tous les jours, il emploiera tous les expédients pour se maintenir. Il fera chanter n'importe qui ou n'importe quoi jusqu'au moment où une victime, avide de vengeance, achètera une créance et le culbutera ou bien jusqu'au moment où, de chantage en chantage, il aura accumulé tant de haine qu'il ne pourra résister aux plaintes accumulées qu'on ne sera plus maître d'étouffer et qui l'auront déconsidéré.

Dans ce genre de journaux et de directeurs, celui qui a tenu le record est, sans contredit, l'ex-directeur politique du *XIXe Siècle*, M. A. E. Portalis.

Ses chantages valent la peine d'être énumérés et racontés en détail, quoiqu'il ne soit pas possible de les rapporter tous, tant ils sont nombreux ; tant il y en a de cachés et d'ignorés. Malgré que cet homme soit par terre, beaucoup de gens qu'il a fait chanter continuent encore à le redouter. Ils se taisent par crainte d'un retour offensif. Est-ce par peur de lui ou de ceux qui n'étant pas partis pourraient continuer ?

CHAPITRE X.

Le journal le *XIX° Siècle*. — Edmond About. — La nouvelle Société constituée par MM. Portalis et Girard. — Le Passé de M. Portalis. — L'*Électeur libre*. — La *Vérité*, l'émeute du 21 octobre et la nouvelle de la reddition de Metz. — Le *Corsaire*. — La *Constitution*. — L'*Avenir National*. — Un Vol à Versailles. — Les deux Républiques. — La *Vérité* (2ᵐᵉ série). — M. Portalis et son imprimeur. — Le coup du *Petit Lyonnais*. — M. Portalis lanceur d'affaires financières. — La Société du Café de la Paix.

Le journal le *XIX° Siècle* fut fondé par Edmond About, un vrai journaliste qui mourut si tristement. Les motifs de cette fin inattendue n'ont jamais été véritablement racontés : mieux vaut n'en rien dire, non pas pour la mémoire d'About, mais pour ceux qui furent les auteurs responsables de la cause.

Journaliste de valeur, lorsqu'il créa son journal, About s'était entouré de collaborateurs de talent, Francisque Sarcey, Henry Fouquier, Charles Bauer, Paul Lafargue,

Emmanuel Arène, Louis Henrique, Bigot, etc., etc.

Tous ceux-là ont fait leur chemin dans l'administration ou dans les lettres. Seul, About, qui avait toujours eu l'ambition d'être autre chose que journaliste, était resté directeur de son journal. Aussi disait-il quelquefois avec une pointe d'ironie sanglante :

— « Je n'ai rien demandé ; on m'a tout offert, et on ne m'a rien donné ».

Il est impossible de mieux juger les ministres passés, présents et futurs que par ces quelques mots.

Il a fini victime de basses jalousies, d'envies inassouvies, et d'intrigues coupables de la part de gens qu'il avait peut-être enrichis par les dividendes de son journal.

Il avait été bien lancé à sa création, le *XIXe Siècle* ; son succès avait été rapide, et sa clientèle était certainement une des plus sérieuses des journaux parisiens.

Quiconque s'intéressait aux choses et aux événements de l'Université devait s'abonner au *XIXe Siècle*. Tous les instituteurs de France étaient ses lecteurs, et de plus ses meilleurs courtiers de propagande.

Lorsque About disparut, les actionnaires reconstituèrent la Société du journal, et la direction en fut confiée au principal chroniqueur, M Henry Fouquier.

La nouvelle Société était au capital de un

million vingt-cinq mille francs. Mais les recettes ayant considérablement diminué, force fut de porter le capital à un million deux cent mille francs. Le *XIXᵉ Siècle* avait encore, malgré sa déchéance, son hôtel et son imprimerie à lui. Son siège social était rue Cadet, dans le magnifique local qui avait vu jadis les folâtres soirées du Casino Cadet et qui est maintenant transformé en établissement de bains turcs.

Bientôt il fut nécessaire d'aviser aux moyens d'économiser, et ce qui avait été un luxe facile à payer, lorsque les affaires marchaient bien, dut subir des modifications profondes. On abandonna l'hôtel des beaux jours, pour s'installer en location dans un appartement de la grande imprimerie, rue Montmartre. Mais il est plus difficile d'arrêter un journal dans sa dégringolade que d'en lancer un nouveau. M. Fouquier, malgré son talent, fut impuissant à remonter le courant de la baisse rapide et continue. Le déficit succédait aux déficits précédents, et au lieu de diminuer, il augmentait dans des proportions effrayantes.

A ce moment se présenta M. A. E. Portalis, flanqué de son fidèle et dévoué Girard, son ancien précepteur devenu son exécuteur des hautes et basses œuvres.

Les actionnaires du *XIXᵉ Siècle* étaient lassés de rapporter sans cesse de nouvelles sommes à leur journal ; les augmentations de capital n'aboutissaient à aucun résultat pratique ; ils étaient fatigués et ils ne demandaient pas mieux que de passer la main à de plus habiles ou à de plus audacieux.

MM. Portalis et Girard offrirent aux actionnaires de reprendre le journal, de le continuer et de reconstituer une Société nouvelle. L'affaire fut convenue et ils formèrent une nouvelle Société au capital de deux cent mille francs, divisé en quatre cents actions, toutes libérées. Deux cents, c'est-à-dire cent mille francs attribués aux anciens actionnaires en représentation de leurs actions antérieures ; et deux cents, soit encore cent mille francs, à MM. Portalis et Girard, — quoiqu'ils n'eussent pas fourni d'argent, — en raison de l'apport de leur personnalité, de leurs peines et soins.

Comment allaient-ils faire vivre le journal ?

Ils paraissaient ne pas s'en inquiéter, assurés d'avance de trouver des ressources là où leurs prédécesseurs n'avaient pas su ou voulu en recueillir.

M. A. E. Portalis n'en était pas à son premier journal !

Voici quelques détails biographiques sur le personnage :

Après le 4 Septembre, grâce aux subsides de M. Ernest Picard, il était devenu le rédacteur en chef de l'*Electeur libre*. Mais ses exigences furent telles que bientôt on lui ferma la caisse.

Du coup, il passa dans l'opposition comme rédacteur en chef de la *Vérité*. On n'a pas oublié le rôle de ce journal pendant le siège de Paris; il fut cause de la fameuse émeute du 31 Octobre, à la suite de la publication faite par lui de la nouvelle de la reddition de Metz et de la capitulation de l'armée du maréchal Bazaine.

Comment Portalis avait-il eu cette nouvelle avant le Gouvernement lui-même ?

S'il faut en croire certaines rumeurs, Portalis avait des relations avec un certain baron Hefler, — le même dont le nom figure comme intermédiaire dans le chantage Bertrand, — et ce prétendu baron aurait été l'ami d'un Prussien resté à Paris pendant le siège, malgré sa nationalité. C'est celui-ci qui fut toujours soupçonné d'espionnage, qui aurait appris, le premier, la nouvelle au pseudo-baron.

Je n'oserais pas affirmer que les choses se sont passées ainsi. Je signale seulement le bruit qui en a couru, et qui a quelques apparences de vraisemblance.

On a publié à ce propos l'histoire suivante, qui, si elle n'est pas exacte, emprunte par son chiffre de demande un véritable cachet de vérité.

Au moment où le peuple était déjà surexcité par la rumeur qui commençait à circuler dans Paris, de la reddition de Metz, Portalis, qui avait connaissance de l'exactitude de la désastreuse nouvelle, se serait présenté à deux heures du matin chez le ministre, Ernest Picard, et lui aurait tenu ce langage :

— Demain, ce matin même, vous serez débordés, vous et vos collègues, si je n'arrête pas le mouvement. Je peux empêcher cela.

— Combien faut-il ? répliqua Picard, qui savait à qui il avait à faire.

— Deux cent mille francs, répondit Portalis.

C'est, en effet, le chiffre habituel de ses demandes. Mais Picard l'envoya se coucher... sans lui donner un sou.

Le lendemain matin, la *Vérité* publiait la nouvelle de la capitulation de Metz. On sait le reste.

Après la Commune, la *Vérité* fut supprimée, mais Portalis ne pouvait rester sans journal ; il acheta donc le *Corsaire*, que le général commandant l'état de siège supprima, d'ailleurs, avec promptitude, dès la première occasion.

Quelques mois plus tard, Portalis était rédacteur en chef du journal la *Constitution*.

Avec une centaine de mille francs qu'il

avait réussi à se procurer, il fit un lancement habile de son nouveau journal, et il entama dans cet organe une très vive et très populaire campagne en faveur des condamnés à mort de la Commune, Rossel et Ferré.

Pour mener à bien cette polémique retentissante, il avait eu soin de s'assurer la collaboration d'un homme d'immense talent, grand rêveur, orateur distingué, démocrate imbu d'idées jacobines, et écrivain de mérite. Jules Amigues fut à la *Constitution* le principal collaborateur de Portalis. Et c'est à cette alliance politique que Portalis a été redevable, sans aucun doute, de la fameuse aventure qui lui valut, quelques mois plus tard, d'être exclu du parti républicain. Dans la *Constitution*, il soutint la candidature du Prince Jérome Napoléon aux élections de la Corse.

Dès cette époque, Portalis s'exerçait déjà avec talent dans le chantage; il commençait à acquérir une certaine virtuosité.

Ainsi, il avait essayé de faire chanter M. Jules Favre de 300,000 francs, sous menace de révéler l'histoire de la légitimation frauduleuse des enfants Laluyé, et préalablement il avait soutiré 100,000 francs à ce dernier. Puis il avait profité du projet de loi sur la restitution des biens des d'Orléans pour se faire payer grassement son silence par le duc d'Aumale.

De tous côtés, il grappillait, et les grappes étaient grosses.

M. Thiers mit un terme à cette exploitation en supprimant la *Constitution*

Le nom de Portalis reparut, au bout de peu de jours, sur la manchette d'un autre journal, comme directeur de l'*Avenir National* ; mais la fameuse lettre au Prince Napoléon amena brusquement sa disparition de la scène politique. Il fut exécuté par tout le parti républicain, sans exception aucune.

Le lendemain, Henry Maret envoya sa démission de rédacteur à l'*Avenir National*.

Tony Révillon écrivit :

« Il m'est impossible de continuer à faire partie de la rédaction de l'*Avenir national*.

« Il ne saurait y avoir, selon moi, d'alliance même accidentelle entre les bonapartistes et les républicains. »

TONY RÉVILLON.

Alceste écrivit :

« Ne pouvant m'associer à l'alliance que vous proposez au parti bonapartiste, je suis obligé de cesser de vous adresser les lettres de Paris que je publiais sous la signature X... »

ALCESTE.

Charles Quentin écrivit :

« Le parti républicain n'a pas le droit de compromettre son triomphe définitif et prochain par une alliance qui serait à la fois un déshonneur et une abdication. »

Ch. QUENTIN.

Ch. Habeneck, Asseline, André Gérard, Guillemot portèrent publiquement le même jugement sur l'acte de Portalis. Ils ne savaient pas alors le secret de la comédie.

Ils ignoraient que le directeur de l'*Avenir* avait eu la prétention de vendre leur conscience en même temps que la sienne ; mais leur protestation ne s'en éleva pas moins, éclatante et applaudie par tout le monde, contre cette évolution suspecte.

Ceux qui ont écrit la biographie de ce maître-chanteur rapportent un incident qui dénote chez son auteur une perversité et un manque complet de sens moral. Un tel fait s'excuserait encore chez un tout jeune homme ; il ne peut s'expliquer chez un homme âgé.

Sa famille, on le sait, était très riche. Son père, ancien receveur général était mort, laissant une grosse fortune que Portalis avait dévorée en peu de temps. Sa mère vivait toujours et habitait Versailles. Un soir des voleurs s'étaient introduits dans la maison, avaient défoncé le coffre-fort, et avaient pris et emporté le contenu. Plainte fut portée le lendemain; la justice commença son enquête, mais l'instruction fut immédiatement et rapidement arrêtée. Le commissaire central vint trouver Mme Portalis et lui dit carrément :

« Madame, il est inutile de continuer les poursuites. On connaît le coupable, il est de votre maison, et la loi ne peut pas le punir. C'est votre fils. »

Un voyage en Amérique était tout indiqué pour amener l'oubli de tout ce passé tapageur.

A son retour, Portalis reprit la plume et après six années de silence, selon sa propre expression, « il redescendit dans l'arène avec l'intention de ne pas attaquer les personnes, car il avait appris à ses dépens ce qu'il en coûte de défendre les droits de la science, de la justice et de la vérité. »

Le livre dans lequel il faisait cette déclaration, les « *Deux Républiques*, » passa inaperçu.

On en parla peu. Cependant, on ne l'attaqua pas, et c'est tout ce que désirait Portalis. Il avait fait sa rentrée.

Le journal la *Vérité* parut aussitôt après sous sa direction, avec M. Henry Maret comme rédacteur en chef.

Le bailleur de fonds était le banquier Lepelletier, celui du Crédit de France. Portalls trouva pendant de longues années chez cet honorable repris de justice et dans cette Société une caisse toujours ouverte avec largesse et dans laquelle il puisa à pleines mains.

Cette période du journalisme de M. Portalis fut sans contredit celle durant laquelle il écuma le moins. Sa mésaventure de l'*Avenir National*, en 1873, l'avait tellement déconsidéré aux yeux du parti républicain qu'il était obligé de s'étudier et de se modérer pour tâcher de détruire le mauvais effet du passé, et, d'autre part, il avait des ressources à la Banque de la rue de Londres.

Cependant, son journal fut le seul organe républicain qui prit nettement parti contre l'exécution des décrets et cette attitude ne fut pas sans prolonger l'état de défiance dans lequel on tenait son directeur.

La *Vérité* ne fut pas une brillante affaire. Maret se fâcha bientôt avec Portalis, dès que son traitement ne lui fut plus régulièrement payé, et Portalis réduit à ses propres forces, après avoir essayé de résister, abandonna lutte qui n'avait pas longtemps duré. Le journal continuait bien à paraître, mais il n'y avait plus de rédacteurs, et il était évident qu'il ne tarderait pas à périr de consomption.

Le krach de la Bourse avait tué toutes les

Sociétés qui faisaient des émissions ; les mensualités données aux journaux diminuaient, et de plus Portalis n'avait plus Lepelletier pour le soutenir — depuis que celui-ci avait été contraint de passer la frontière afin d'éviter une nouvelle condamnation d'escroquerie.

Le journal la *Vérité* fut donc déclaré en faillite le 21 novembre 1884.

Avant cette catastrophe finale, ce journal avait été le théâtre de la plus immorale et de la plus avilissante comédie.

Je laisse la parole au récit publié par le journal le *Jour* :

« Au cours du mois de novembre 1882, M. Portalis, désireux d'apporter des économies dans les frais de composition et de tirage de son journal, ouvrit des pourparlers avec M. Towne, alors metteur en pages de la *Vérité*. Un marché verbal intervint. M. Towne se chargea des travaux techniques sus-indiqués moyennant un forfait de 240 fr. par numéro.

« Les choses marchèrent de la sorte depuis le 25 novembre 1882 jusqu'au 24 juin 1884.

« A cette date, M. Towne restait créancier de M. Portalis, pour solde de la somme de 22.484 fr. 50.

« *Dans cette somme étaient compris sept chèques, tirés par M. Portalis sur le Crédit Lyonnais de Paris, payables à l'ordre de M. Towne les 3, 15, 16, 30 avril, 6 et 7 mai 1881, ensemble*

3,315 fr., et revenus au porteur avec les mentions suivantes : **ni avis, ni fonds**.

« Or, chaque remise de chèques avait été faite par M. Portalis, déjà fort endetté vis-à-vis de son imprimeur, pour payer, non des travaux effectués, mais des travaux à faire.

« Nous sommes aujourd'hui lundi, disait M. Portalis à M. Towne, les numéros de ce soir, de demain mardi, et d'après-demain mercredi feront tant. Voici un chèque équivalent. Vous irez le toucher jeudi. » Et le jour indiqué, M. Towne et son équipe, qui avaient confiance dans les ordres de paiement émis par M. Portalis, ne touchaient rien, étaient dupes et demeuraient créanciers de leurs salaires, après avoir fourni qui sa composition, qui sa correction, qui son tirage. La manœuvre de M. Portalis avait réussi : la publication de son journal n'avait pas été interrompue. Peu importait le moyen.

« Les lettres missives adressées à M. Towne les 19 avril et 25 juillet 1886 par les compositeurs, le correcteur et l'imprimeur de la *Vérité*, établissent la vérité de ce fait, à savoir que les uns et les autres n'avaient travaillé que sur la foi des chèques émis par M. Portalis.

« Après la faillite du journal, M. Towne, poursuivi lui-même par ceux qui avaient été escroqués en même temps que lui, se retourna contre M. Portalis et il l'attaqua devant la juridiction correctionnelle, requérant des dommages-intérêts et l'application des articles 405 du Code pénal, 6 de la loi du 23 mai 1885 sur les chèques.

« Sur une première assignation en date du 24 janvier 1885, M. Portalis reçut citation à comparaître le mercredi 4 février 1885, 11ᵉ chambre. Au jour dit, le tribunal renvoya au 22 avril suivant.

« Sur une deuxième assignation en date du 7 février 1885, M. Portalis reçut citation à comparaître le jeudi 19 février 1885. *La veille de sa comparution, M. Portalis se rendit vers neuf heures du soir à l'imprimerie de M. Towne.* IL LUI DONNA SA PAROLE D'HONNEUR qu'il lui paierait le lendemain les sept chèques restés en souffrance, 3.315 fr., et qu'il lui réglerait, en billets à terme, le surplus de la créance, 19.169 fr. 50.

« M. Towne eut foi dans les nouvelles promesses de son débiteur, et il écrivit *sous la dictée même de M. Portalis* le désistement ci-après : « A la suite de l'entretien que nous
» avons eu ensemble, je m'empresse de vous
» informer que je me désiste de la poursuite
» en police correctionnelle qui a donné lieu à
» l'assignation en date du 7 février devant la
» 11ᵉ chambre, pour l'audience du 19 courant.
» Signé, TOWNE. »

« Est-il besoin d'ajouter que M. Towne ne fut payé ni le lendemain, ni le surlendemain, ni plus tard... et que le désistement ayant été donné sans réserve, l'affaire fut purement et simplement rayée du rôle.

« M. Towne interjeta appel, mais il fut débouté, grâce au fatal papier qu'il avait signé, et, pour suprême consolation, il put entendre Portalis, au sortir de l'audience, dire en riant :

« — Qu'il s'estime heureux, encore, que je ne lui réclame pas des dommages-intérêts ! »

Étant brûlé à Paris, Portalis se retourna vers Lyon où il était déjà l'un des administrateurs du *Petit Lyonnais*, précédemment acheté par son ami Lepelletier.

Le tirage de ce journal était considérable et son influence sur le parti républicain du Sud-Est et du Centre était aussi prépondérante. Mais le tirage avait baissé et l'influence disparaissait depuis que Portalis en était le directeur. Il voulut, malgré cela, en être le propriétaire principal.

Portalis visait, en effet, un but précis: être le maître absolu de la politique de l'un des plus importants journaux de province et conquérir ensuite, dans la région, un siège de député.

La lettre suivante de M. Portalis, écrite avant qu'il n'eût mis la main sur les actions du *Petit Lyonnais*, explique comment il voulait opérer.

Paris, le 18 avril 1887.

MON CHER MONSIEUR PAUL,

. . . .

« Quant au *Petit Lyonnais*, il me semble que cette affaire peut, en attendant que M. Girard puisse aller à Londres, se traiter par correspondance. Le plan que vous me demandez, je vous l'ai déjà exposé à Londres verbalement. En deux mots voici quelle en est l'économie. Je propose de procéder comme suit :

« 1° Se procurer le plus grand nombre de parts possible, c'est-à-dire 5,000 à 6,000.

« 2° Reprendre le traité de fermage S... en y ajoutant la publicité financière *afin de pouvoir augmenter à volonté les bénéfices;*

« 3° Quand on possèdera le nombre de parts suffisant, transformer la Société actuelle en Société anonyme au capital de 4,000,000 de francs, divisé en 8,000 actions de 500 francs, lesquelles seront remises aux porteurs de parts à raison d'une action de 500 francs, pour une part;

« 4° *Distribuer un dividende au moyen du traité de fermage, — si les produits de l'exploitation ne donnent pas un bénéfice suffisant, — lequel dividende on se distribuera à soi-même puisqu'on possèdera tous les titres ou presque tous.* Il faut en effet compter que 1,500 à 2,000 parts sont absolument perdus (*sic*);

« 5° Avant la distribution de ce dividende (*qui encore une fois ne nécessitera aucun débours*) créer sur ces actions un marché à la Bourse de Lyon et de Paris. Sur ce point je n'ai rien à vous dire, vous êtes plus compétent que personne.

Maintenant pour se procurer le nombre de parts nécessaire à l'opération, voici, selon moi, comment il faudrait procéder.

Vous en possédez 2,000 environ. J'en connais un millier à peu près *qu'on pourrait avoir tout de suite ou très rapidement* **pour 20 francs.** Pendant qu'on se rendrait propriétaire de ces 1,000 parts il faudrait faire paraître un petit journal financier ou une circulaire qui serait adressé à tous les porteurs de parts et où il serait question du *Petit Lyonnais*, mais *sans affectation*. En même temps, et dès maintenant, je convoquerais une assemblée générale des porteurs de parts. *Je ferais à cette assemblée un rapport détaillé dans lequel serait exactement exposé* (sic) *la situation du « Petit Lyonnais. »* Le rapport conclurait à la nécessité et à l'urgence d'une liquidation *et établirait que la liquidation ne donnerait rien aux porteurs de parts*. Ce rapport serait imprimé et envoyé sous enveloppe à tous les intéressés, à moins qu'on ne trouve préférable de leur envoyer une circulaire les prévenant qu'ils trouveront le rapport imprimé dans le journal financier dont il est parlé plus haut. *Il n'est pas douteux qu'à la suite de la lecture de ce rapport, qui sera un document officiel, les porteurs de parts n'acceptent toutes les combinaisons qui leur serait proposés* (sic) *par l'intermédiaire du journal financier pour tirer de leurs titres ce qu'ils pourront*, soit en les vendant, soit en les échangeant.

Pour mener à bien cette opération, une somme d'environ 100,000 francs paraît nécessaire. Il faut, d'une part, 60,000 francs pour l'achat de 3,000 parts, au prix moyen de 20 francs. Il faut, d'autre part, compter 40,000 francs pour la traite S..., dont l'exécution est indispensable pour que le *Petit Lyonnais* couvre ses frais, et pour faire, au moment opportun, de la publicité dans la région pour le lancement d'un roman ou sous un autre prétexte. Quant au bénéfice, si la combinaison réussit, il pourra facilement égaler celui qui a été réalisé une première fois lors de la mise en Société du *Petit Lyonnais*, c'est à dire qu'il pourra être facilement de trois millions et plus. Seulement, je dois vous prévenir que pour cette affaire du *Petit Lyonnais*, comme pour celle du *XIXᵉ Siècle*, il faut, si vous voulez y donner suite, ne pas perdre de temps. Si nous ne nous entendons avec vous ou bien si, après que nous serons entendus vous ne pouvez pas disposer des ressources nécessaires à l'opération, nous adopterons sans de plus longs retards d'autres combinaisons que nous avons en vue. Ce qui est sûr, c'est que nous ne resterons pas plus longtemps dans un *statu quo* qui au lieu de rapporter de l'argent en coûte. *J'y suis formellement décidé.* Vous pouvez régler là-dessus votre conduite.

Croyez, cher Monsieur Paul, à l'expression de mes meilleurs sentiments.

A.-E. PORTALIS

Portalis réussit dans ses manœuvres. Il s'empara du journal avec son associé Girard, et il le prit encore en pleine prospérité.

Nous verrons dans quel état il était, lorsqu'il l'abandonna cinq ans plus tard, et ce que valaient les actions de la Société.

La réserve disponible du *Petit Lyonnais*, en 1883, était de *quatre cent soixante-deux mille deux cent vingt-huit francs cinq centimes*; le bénéfice du compte d'exploitation était de *cent quatre vingt-deux mille deux cent quatre-vingt-dix-neuf francs cinquante centimes.*

Pendant la gestion de M. Portalis, tout fut dissipé et mangé.

Aussi M. Thévenet put-il dire un jour, en pleine réunion publique, à M. Portalis :

« Soyez plus modéré, M. Portalis, vous aurez probablement bientôt besoin de mon ministère d'avocat devant la police correctionnelle. »

Durant toute l'administration de MM. Portalis et Girard, malgré l'article formel 17 des statuts, les actionnaires du *Petit Lyonnais* ne furent jamais convoqués en assemblée générale. Depuis 1887 jusqu'en 1891, aucune convocation ne fut faite.

Quelques actionnaires essayèrent bien quelques timides réclamations, mais ces tentatives n'eurent point de suite.

Lorsque MM. Portalis et Girard avaient pris le journal, les actions valaient sept cents francs. Au bout de quatre ans de leur gestion, elles étaient invendables à quarante sous.

Entre temps, ou plutôt en même temps, Portalis était devenu financier, lanceur d'affaires, et, en cette qualité, il participa à la création de la Société des « Messageries Parisiennes » puis de la « Compagnie des Voitures (Urbaines) », de la « Compagnie du Gros Camionnage », de la Société de publicité « Bonnard-Bidault », de la Société des « Vidanges », de la Société du « Café de la Paix », de la Société « des Constructions de la Villette », de la Société «d'Fribourg ainé », de la « Société des Grands Magasins du Coin de rue », etc., etc.

Toutes ces Sociétés s'effondrèrent d'ailleurs les unes après les autres, et celles qui subsistent encore ont été reconstituées après lui.

Quelques-unes de ces affaires méritent mieux qu'une simple mention.

Voici, d'après le journal *Le Jour* du 6 avril 1891, l'histoire de la formation de la Société du Café de la Paix.

« Dans le commencement de 1878, M. Portalis adressait la lettre suivante à un de ses amis, — à une de ses victimes — qui se trouvait à Londres :

Mon cher ami,

Que diable fais-tu en Angleterre? Je désirerais pourtant te voir pour te parler d'une affaire exceptionnelle, un placement de père de famille, cette fois. Voici de quoi il s'agit : Il n'y a aujourd'hui que ceux qui vendent à boire et à manger qui fassent fortune; l'Exposition s'approche, le Café de la Paix, situé, comme tu sais, sur le nombril du monde, est à vendre... On en veut 300,000 francs. Veux-tu que nous l'achetions?

Etc., Etc.

Tout à toi,

Edouard PORTALIS

« Par extraordinaire, l'affaire était bonne, le bénéfice certain malgré l'énormité du loyer, 175,000 francs, malgré des frais généraux considérables, 280,000 francs : on faisait 1,200 francs de terrasse et de café par jour, 7 à 800 francs de restaurant et 6 à 7,000 francs les soirs de bal à l'Opéra.

« Le « cher ami » vint à Paris étonné que Portalis tînt une véritable affaire. Il prit des informations qui furent satisfaisantes et des précautions qu'il jugeait nécessaires, à savoir une Société en commandite qu'il imposa, sans quoi rien de fait, Société au capital de 500,000 francs dont 300,000 versés comptant (par lui, bien entendu !) et divisée en 1,000 actions de 500 francs également réparties entre les deux associés. Portalis se chargeait de faire le fond de roulement : 20,000 francs environ.

« Ainsi, d'une part, le « cher ami » avait 500 actions qu'il payait 600 francs l'une, et de l'autre, Portalis en avait également 500 qu'il payait 40 francs. Partage risible à première vue, mais qui, dans l'esprit de l'associé, devait intéresser Portalis à la bonne gestion de l'affaire, l'empêcher par un gros bénéfice entrevu d'avilir les titres en les jetant sur le marché et les lui faire garder en portefeuille. Quant au reste, la

Société en commandite tenait pieds et poings liés le journaliste de grand chemin.

« On mit Félix du Helder au café; Dugléré du café Anglais au restaurant : on eut des comparses pour administrateurs : MM. Fourcand, Forsse, Piedferré, Lamartinière, etc.

Quand le quart d'heure de Rabelais, le moment de régler le dividende d'un demi-exercice, autrement dit de partager les bénéfices du premier semestre de 1878, qui étaient de 80,000 francs, approcha, Portalis eut un trait... allons, mettons de génie, car il existe, hélas! du génie dans le mal autant que dans la vertu.

« Le flibustier de haut vol fit approcher le père Dugléré, chef des cuisines, premier maître d'hôtel, et flattant sa manie, lui demanda si des réparations dans les salons et cabinets ne lui paraîtraient pas urgentes ?

— Assurément, *Mossieu de Portalis*, répondit l'autre.

Aussitôt dit, aussitôt fait; on change toutes les glaces rayées d'impures initiales; on change tapis, rideaux, pendules; on achète pour 20,000 francs d'argenterie; on renouvelle les cristaux, la vaisselle, la livrée des chasseurs. Dugléré, rayonnant, se crut en plein café Anglais.

« Total à payer: cent et quelques mille francs. Différence du doit à l'avoir de la caisse, déficit en un mot : 35,000 francs, environ.

« A l'aide de quelques blancs laissés dans le « journal », on put antidater, espacer, répartir ces dépenses subites. Le caissier passa *tout* aux frais généraux du Grand Livre, et l'associé qui avait compté pour sa part un bénéfice d'une quarantaine de mille francs, fut poliment éconduit quand il demanda son argent.

« Portalis lui dit alors : « Affaire détestable mon cher ! Qu'est-ce que tu veux ! je me suis trompé, voilà tout. — Tâchons de vendre ! »

« On transforma donc la *Société en commandite du Café de la Paix* et ses titres *nominatifs* en *Société anonyme du Café de la Paix* avec titres *au porteur* et capital légèrement augmenté. Le semestre suivant n'apporta aucun changement à la situation qui était prospère au fond, qui eût été brillante avec tout autre que Portalis. Mais celui-ci poussait sans cesse aux frais généraux, compte élastique, s'il en fut, afin de dégoûter de plus en plus son associé par des bilans en déficit et le décider à vendre.

« Il le dégoûta si bien en effet, que l'autre se mit à se défaire peu à peu de ses actions.

« Alors, Portalis traita directement, en son nom personnel, et à l'insu de son associé, avec avec MM. Guyot et Lévy, restaurateurs au boulevard Bonne-Nouvelle, pour la vente du Café de la Paix, au prix de 300,000 fr. Puis, avant arrêter les conditions du marché, il se mit à la poursuite des quelques titres déjà vendus par le « cher ami ».

« Trouvant qu'il les ramassait ainsi trop lentement, il alla trouver son naïf associé un jour, chez lui, rue du Général-Foy, et lui tint ce langage :

« — J'apprends que tu vends des actions à « droite et à gauche, lui dit-il ; c'est embêtant,

« cela déprécie les miennes. Je t'ai déjà dit
« que c'était une valeur d'attente. Un peu de
« patience, nous trouverons sûrement acqué-
« reur d'ici peu. — (Quand il parlait ainsi, son
« marché avec MM. Guyot et Lévy était con-
« clu.) — Dans tous les cas, si tu as besoin
« d'argent, vends plutôt tes actions à Hilaire
« Lacroix, changeur, place du Havre, qui, lui,
« du moins, est un honnête homme t t'en don-
« nera un meilleur prix, vu qu'il connaît l'af-
« faire et m'a pris un certain nombre des mien-
« nes. »

« Le « cher ami », toujours crédule, vendit peu à peu ses actions jusqu'à la dernière à M. Hilaire Lacroix, qui les achetait pour le compte de Portalis, au prix moyen de 75 francs l'action, car Portalis, pour mieux tromper le vendeur, variait ses prix d'achat, lui faisant offrir tantôt 50, tantôt 75 et tantôt 100 francs.

« Et quand il eut pour une quarantaine de mille francs prélevés sur le *Café de la Paix*, c'est-à-dire sur l'argent social, les cinq à six cents actions de son « vieil ami », quand il put représenter à MM. Guyot et Lévy la totalité des titres, il exécuta le marché conclu avec eux et leur remit le *Café de la Paix* contre 300.000 francs payés comptant.

CHAPITRE XI

L'achat du *XIX° Siècle*. — L'affaire Wilson. — La demande de cinq cent mille francs. — Les nouvelles de scandales judiciaires ou policiers. — Le chantage Secrétan. — La cause du krach de la Société des Métaux et du Comptoir d'Escompte.

Dans la lettre que M. Portalis écrivait le 18 avril 1887 à M. Paul, on a pu lire que, en même temps qu'il voulait s'emparer de la Société du *Petit Lyonnais*, il négociait l'achat du *XIX° Siècle*.

On sait qu'il fut assez heureux pour en devenir le directeur avec son compère Girard, sans trop de sacrifices, et son premier souci en occupant le fauteuil directorial d'Edmond About, fut de se servir de la clientèle honnête de ce journal, clientèle appréciée dans les sphères de la politique gouvernementale, pour faire éclater un scandale qui devait être d'autant plus retentissant qu'il porterait sur des lecteurs faciles à s'indigner.

Wilson régnait en maître à l'Elysée. Le

Président Grévy laissait libre cours à son indolence de vieillard, à son scepticisme naturel, et son gendre en abusait pour le compromettre dans une foule d'affaires véreuses où il engloutissait certainement plus d'argent qu'il n'en récoltait.

Portalis était au courant de ces agissements qui étaient bien connus de tous ceux qui étaient mêlés de près ou de loin aux dessous de la politique. Un scandale amené sur le gendre du Président de la République devait avoir du retentissement. On en citait quelques-uns qui avaient éclaté, et qui avaient été aussitôt étouffés. Il ne s'agissait donc que d'avoir l'œil dessus, et dès qu'il s'en produirait un nouveau, on le divulguerait avec toute la publicité nécessaire.

Tel fut le rôle de Portalis et du *XIX° Siècle* dans l'affaire Caffarel-Rattazi-Limousin-Wilson.

Et je dois ajouter que si M. Wilson avait voulu donner cinq cent mille francs au *XIX° Siècle*, et qui lui furent demandés — m'a-t-on affirmé — pour ce journal, il est à présumer que les choses se seraient arrangées. On aurait étouffé le scandale.

Mais M. Wilson refusa de donner un centime, — M. Grévy s'y étant formellement opposé.

Le journal de M. Portalis dénonça donc le premier le scandale du ministère de la

Guerre et de l'Elysée. Quelles conséquences importantes eut cette révélation pour la politique de la France et pour le Président de la République!

Comment Portalis avait-il pu connaître le renseignement qu'il publia dans le *XIXᵉ Siècle*?

Je ne saurais le dire. On ne l'a pas su.

Il ne faut cependant pas s'en étonner outre mesure. Portalis n'avait été informé si vite que parce que toute sa tactique, toute sa méthode consistait à être tenu au courant de toutes les affaires susceptibles d'occasionner un chantage. On ne saura probablement jamais par qui ni comment M. Portalis était si exactement renseigné. En tous cas, dans les autres journaux, on s'étonnait souvent de certaines nouvelles publiées par le *XIXᵉ Siècle*, surtout de celles concernant le monde judiciaire ou policier.

Dès qu'il se produisait une plainte au sujet d'une affaire grave; ou bien lorsqu'un petit scandale éclatait dans les ministères ou au palais, scandale qu'on aurait voulu étouffer, — on était assuré que le lendemain le *XIXᵉ Siècle* publiait la nouvelle et donnait tous les détails du scandale.

Cette organisation préparatoire au chantage, M. Portalis l'avait admirablement machinée, et c'est ainsi qu'il était mis au courant non seulement de ce qui pouvait l'intéresser et le servir, mais aussi de ce qui concernait ceux dont il avait à craindre les attaques. Il n'y avait pas d'homme mieux renseigné que lui sur tous les chantages petits ou grands qui se pratiquaient; et — on peut le penser — il savait de quelle manière il fallait s'y prendre pour arriver en participation.

Quand un coup avait été fait par quelqu'un et que Portalis en était avisé, il envoyait un émissaire le raconter à deux ou trois directeurs de journaux, tous plus ou moins embarrassés dans leurs affaires, et il leur faisait conseiller de se grouper et de former un syndicat. L'un des compères — jamais Portalis — s'en allait ensuite en ambassadeur au nom du syndicat auprès de la victime désignée. — Portalis n'aurait jamais accepté ce rôle. Généralement, cette mission était dévolue à un sous-ordre susceptible d'être désavoué et jeté par-dessus bord, si un scandale éclatait. D'ailleurs, c'étaient là de petits chantages indignes d'un ténor tel que le directeur du *XIXᵉ Siècle*. Si la victime qui était désignée pour chanter résistait, le *XIXᵉ Siècle* publiait aussitôt une note perfide et le syndicat avait beau jeu pour faire dire par son ambassadeur, avec le ton d'un homme surtout désireux de rendre service :

« Le *XIX° Siècle* a déjà commencé la campagne Hâtez-vous de conclure : demain on aura trop parlé, et il ne sera plus temps d'arrêter les choses et de les arranger. Si vous ne voulez pas, malgré leur désir de se taire, tous les journaux seront forcés de suivre le journal de Portalis, et ils vous attaqueront. »

La victime convaincue sortait la liasse de billets bleus.

Le plus drôle est que dans ces pseudo-syndicats, celui qui reçoit l'argent garde toujours pour lui la plus grosse part.

Il se contente de téléphoner aux autres :

« J'ai mis pour vous une enveloppe de côté ».

Pour ne point se compromettre, c'est un homme de paille qui va chercher l'enveloppe, et de cette manière, on peut toujours répondre :

« Je ne sais pas de quoi vous voulez me parler. On a abusé de mon nom et de mon journal. Je n'ai rien touché. »

Et il faut à la justice une certaine dose de naïveté pour aller voir sur la comptabilité du journal si cette somme y a été inscrite.

Comediante ! Comediante !

Le chantage exécuté par M. Portalis sur M. Secrétan, au moment du krach des métaux, mérite d'être cité dans tous ses moindres détails :

M. Girard, envoyé par M. Portalis, avait, paraît-il, menacé M. Secrétan d'une campagne formidable dans la presse et à la Chambre, si on ne lui versait pas *cinq cent mille francs*.

C'est ainsi que débutent les chantages de M. Portalis.

Interrogé à ce sujet, M. Secrétan a fait les déclarations suivantes à un journaliste.

Je n'ai donc qu'à citer celui qui sait mieux que personne comment on l'a fait chanter.

« Dès le début de mes opérations sur le cuivre, M. Girard, administrateur du *XIXe Siècle*, est venu me demander CINQ CENT MILLE FRANCS pour soutenir mon entreprise, me menaçant, en revanche, si je ne les lui donnais pas, de crier à l'accaparement et se faisant fort de provoquer une interpellation à la Chambre, d'abord, *grâce aux députés et aux ministres dont il disposait*, puis d'amener des poursuites si je ne m'exécutais pas.

« Je lui répondis que ce qu'il faisait à mon égard était un honteux chantage et que je n'étais pas disposé à *chanter* ; que mes opérations étaient loyales et, je le croyais, licites (je le crois encore) ; qu'elles avaient pour but de soustraire mon industrie à la spéculation étrangère, de créer un marché de cuivre en France, seul pays du monde qui ne produise pas ce métal, et que, appuyé de tout ce qu'il y avait de riche, d'intelligent et d'honorable, je voulais donner à notre pays un marché d'exportation dont de nombreux millions dépensés et de nombreuses existences sacrifiées avaient été jusqu'alors impuissantes à le doter.

« L'interpellation annoncée eut lieu à bref délai. Je ne sais si le *XIX° Siècle* y fut pour quelque chose ou si le député qui la fit, agit de son propre mouvement; mais ce que je sais bien, c'est que des articles haineux, violents, calomniateurs, parurent aussitôt dans ce journal, et que l'opinion publique commença de s'émouvoir.

« Certains de nos amis intervinrent alors et me représentèrent qu'il était bien imprudent à moi de ne pas capituler devant les exigences des maîtres-chanteurs, Girard et consorts. Je cédai. Je crois que j'eus tort de céder...

« Tout d'abord, la rapacité de l'individu fut apaisée momentanément par l'intermédiaire de M. Jacques Meyer. Puis, je remis directement, sous des formes diverses (mensualités en espèces et options d'actions), une somme considérable à M. Lazare Weiller, qui les distribua d'accord avec l'agent de M. de Rothschild et qui, après avoir soldé de simples publicités commerciales, correctement faites par diverses feuilles, calma les scrupules du *XIX° Siècle*.

« Ce fut moi, personnellement, qui supportai tous ces frais.

« La campagne de chantage s'arrêta aussitôt. Bien plus, à l'occasion de mon intervention désintéressée, pour conjurer les suites d'une exécution faite à la Bourse sur un gros spéculateur, on se mit à vanter mon attitude chevaleresque et à chanter mes louanges de toutes les manières. — D'un côté ou de l'autre, il faut toujours qu'on chante !

« Cependant, le *XIXᵉ Siècle* était insatiable. Dans les premiers jours de 1889, le sieur Girard revint à la charge. Il ne me demanda, cette seconde fois, que TROIS CENT MILLE FRANCS, toujours en me menaçant d'interpellation, de poursuites, etc., ajoutant qu'il avait de *nouveaux députés* et de *nouveaux ministres* dont il disposait absolument, *dont il était sûr*.

« J'en avais assez ! Après avoir consulté mes amis, j'allai trouver M. Rouvier et le prévins de la nouvelle infamie que se disposait à commettre l'individu en question, qui ne parlait de rien moins que de faire tomber le Comptoir d'Escompte en semant la panique chez ses déposants, de ruiner notre Société, de faire capituler les Rothschild, qui menaient l'opération des cuivres, etc., etc.

« M. Rouvier me répondit qu'il n'avait

encore entendu parler de rien, mais que j'aurais dû faire empoigner par les gendarmes le misérable « qu'il connaissait bien », et que si l'affaire avait une suite, il saurait intervenir.

« L'interpellation eut lieu. Le garde des sceaux d'alors dut ordonner des poursuites qui coûtèrent beaucoup sans doute à son esprit d'équité, car il connaissait parfaitement et de très près l'affaire des cuivres.

« Le *XIX° Siècle*, qui avait une fois de plus retourné sa veste et pour qui j'étais redevenu un spéculateur éhonté, depuis que j'avais refusé d'*éclairer* sa religion, triompha comme vous pensez bien. L'opinion publique affolée suivit, le suicide de Denfert-Rochereau détermina la crise finale et la campagne de baisse l'emporta sans remède possible... »

A l'appui de ces déclarations si nettes, si précises, il importe d'ajouter comment et par quels intermédiaires le *XIX° Siècle* a fait chanter M. Secrétan.

C'est M. Lazare Weiller qui adressa l'envoyé officieux de M. Portalis à M. Secrétan et il le fit par la lettre suivante :

Décembre 1887

Mon cher monsieur Secrétan, vous recevrez sans doute ce matin la visite d'un des hommes du *XIX⁰ Siècle*. Ne faites absolument rien avec lui. Tâchez de l'éconduire en douceur ou autrement. Je me charge de tout, *mais il ne faut pas qu'il vous sente capable de faire de la musique*. Il restera tranquille. Soyez-en assuré.

Les lettres de M. Jacques Meyer à M. Secrétan accentuent la preuve du chantage :

Paris 30 décembre.

Monsieur,

Je crois être en mesure de vous informer que la campagne de la presse contre le soi-disant accaparement du cuivre est *close*. J'ai ce matin, *personnellement*, sans que les individualités primitivement visées soient obligées à aucune compromission morale ni à aucun sacrifice pécuniaire, arrêté des accords avec les meneurs de la campagne, QUI SE TROUVENT DÉSORMAIS INTÉRESSÉS A LA PROGRESSION DES VALEURS CUIVRIÈRES.

Je pense pouvoir demain matin vous fournir les détails décisifs.

J'aurai ainsi trouvé le moyen d'acquitter une dette envers vos précieux conseils.

Agréez, monsieur, je vous prie, l'expression de mes sentiments distingués.

Signé : J. MEYER.

Puis ces mots sur une carte de visite :

JACQUES MEYER

J'ai vu le *XIX⁰ Siècle*, ÇA NE COUTERA QUE CINQ CENT MILLE FRANCS. Soyez sans aucune préoccupation de ce côté.

Le marché fut conclu par une option de titres de valeurs cuivrières.

La lettre suivante, qui fut adressée par M. Jacques Meyer à M. Portalis, en fait foi :

SOCIÉTÉ MOBILIÈRE DE PARIS

11 sept. 1888

45, rue Vivienne, 45

Extrait du copie de lettres en date du 2 mars 1888

A

Monsieur E. Portalis,
à Paris.

Il demeure entendu que les 200 actions Rio de l'achat desquelles nous vous avons avisé à la date du 29 février, pour fin mars + report, ne devront être liquidées que sur votre ordre, sous la réserve que cet ordre, — sauf stipulations nouvelles à intervenir ultérieurement, — nous soit signifié avant la fin juin prochain. En d'autres termes nous ne pouvons nous refuser à vous faire le report des titres précités aux liquidations de : fin mars, avril et mai. Sauf ordre de vente, le produit des diverses liquidations, à votre crédit, ne vous sera versé qu'en liquidation de juin. *Par contre, nous vous informons que notre sieur J. Meyer s'est porté garant vis-à-vis de nous des risques éventuels de l'opération*, et que c'est à lui que seront présentés éventuellement les comptes débiteurs qui pourraient afférer à vos achats. Nous acceptons sa garantie dans les termes précités.

Veuillez agréer, monsieur, nos empressées salutations.
Signé : J. MEYER.

Suit le détail des opérations :
Extrait du copie d'avis d'opérations

. . . .

Le 29 février 1888
Acheté à fin mars
200 Rio à 473 75 plus report

. . . .

Le 4 avril 1888
Fait reporter à fin avril
200 Rio à 492 50 + 1 75 de report

. . . .

Le 27 avril 1888
Vendu à fin avril
200 Rio à 522 50 suivant les clauses d'option échangées avec notre sieur Meyer

Inutile d'ajouter que pendant cette période le *XIX° Siècle* n'a plus inséré d'articles sur l'accaparement des cuivres.

Le 25 juin 1888, M. Girard signait le reçu suivant :

Reçu de M. Meyer en chèque sur Crédit Lyonnais la somme de 4.000 francs POUR SOLDE DE L'OPTION RIO-TINTO *sur laquelle il m'a déjà versé 5.000 francs.*

Signé : GIRARD.

Paris, le 25 juin 1888.

L'argent encaissé, MM. Portalis et Girard recommencèrent leur campagne contre M. Secrétan. Ils avaient de nouveau exigé de très fortes sommes pour garder le silence, et on les leur avait refusées.

Leurs articles contribuèrent en majeure partie à la catastrophe du Comptoir d'Escompte, qui fut la ruine de tant de capitalistes et une perte irréparable pour beaucoup de commerçants et d'industriels dont le Comptoir d'Escompte était le seul banquier escompteur.

Voilà le résultat de la campagne de chantage exercée par le *XIX° Siècle* contre M. Secrétan et contre le Comptoir d'Escompte.

CHAPITRE XII

Les vingt-cinq mille francs du général Boulanger. — Le Divorce. — L'élection de Gien. — La main levée des hypothèques.

MM. Portalis et Girard ne se contentaient pas de rançonner les spéculateurs et les banquiers, ils puisaient aussi à pleines mains dans les caisses politiques, et après en avoir tiré tout l'or qu'ils pouvaient espérer, ils tournaient casaque sans vergogne, et sans remords.

Leur cynisme était révoltant, et bien fait pour exciter le mépris le plus parfait.

Pendant tout le temps que la caisse du général Boulanger avait été bien garnie, le *XIXe Siècle* était l'un des journaux les plus dévoués au ministre ou à l'ancien ministre de la guerre.

Ces louanges, il est vrai, étaient chèrement payées !

Ainsi, le lendemain de l'élection de la Charente-Inférieure, M. Girard toucha, à la caisse du Comité National, rue de Sèze, une somme de dix mille francs; huit jours après Portalis recevait encore quinze mille francs. Rien de surprenant dans ces deux paiements, pour les gens qui connaissaient les habitudes de MM. Portalis et Girard. Mais le comble fut ceci : le surlendemain du jour où M. Portalis était venu se faire donner quinze mille francs par le général Boulanger, il publia dans le *XIX° Siècle* un article intitulé : *Le Divorce*, dans lequel il signifiait sa rupture politique à celui dont il venait de prendre l'argent.

L'explication en est toute simple.

M. Constans avait payé plus cher, et M. Portalis avait pris des deux mains, se rangeant pour l'avenir du côté de celui qui semblait pouvoir « arroser » le plus longtemps et le mieux.

Le journal la *Presse* dénonça le lendemain cette trahison par le petit entrefilet que voici :

Le *XIX° Siècle* a publié hier, sous le titre *Le Divorce*, un article que reproduisent toutes les feuilles gouvernementales et ferrystes.

Que venait donc faire au comité de la rue de Sèze, quelques heures auparavant, nous précisons, mercredi à 4 h. 1|2, l'auteur de l'article, M. Edouard Portalis ?

M. Portalis ne répondit rien.

Avec son audace extraordinaire, M. Portalis à qui on rappelait plus tard cette aventure, eut le toupet d'en exiger la preuve, comptant bien qu'on hésiterait à donner le fac-similé des reçus; il avait ajouté inconsciemment « qu'à défaut de pièces authentiques, le public se contenterait certainement d'une attestation écrite du général Boulanger ou du comte Dillon ».

Le comte Dillon était en Amérique; il était brouillé avec le général Boulanger; de plus, c'est lui qui devait avoir gardé les reçus. Portalis comptait donc que le général n'ayant aucune preuve n'oserait rien dire.

Malheureusement pour le directeur du *XIXᵉ Siècle*, quelqu'un avait depuis longtemps une lettre du général Boulanger où était appréciée la conduite de Portalis.

Cette lettre, datée du mois d'octobre 1889, c'est-à-dire de l'époque où Portalis, ne doutant de rien, intriguait pour obtenir l'invalidation de son concurrent victorieux à Gien, M. Loreau, et cherchait à s'assurer, en vue d'un nouveau scrutin, l'appui des boulangistes de sa circonscription.

Le général Boulanger s'exprimait en ces termes :

« Dans le Loiret... c'est avec le plus grand plaisir que je constaterai la défaite de Portalis.

« Je n'accepterai jamais les avances de ce

dernier, ayant été victime de sa mauvaise foi.

« *Avant d'oser me faire des propositions, il me serait obligé de me restituer les billets de mille francs qu'il m'a volés.*

« Général BOULANGER »

On sait que la grande ambition de M. Portalis a été d'être député.

Etant directeur du *Petit Lyonnais*, il avait compté sur les électeurs de Belley, mais il fut honteusement blackboulé.

Il avait jeté alors ses vues sur l'arrondissement de Gien, pensant avoir meilleur sort.

Le scrutin ne lui fut pas plus bienveillant.

Ayant été battu par un républicain rallié, il pensa que les opinions cléricales de son adversaire devaient être un motif suffisant d'invalidation. A cet effet, il organisa une très active et très insidieuse campagne pour représenter l'élection de son rival comme le résultat des agissements et de l'intervention du clergé.

Avec des hommes comme Girard et Portalis, il ne faut douter de rien, il serait donc superflu de s'étonner que ces deux associés aient été en peine pour faire fabriquer tout un dossier de protestations vraies ou fausses sur les agissements cléricaux. Toujours est-il que M. Loreau fut invalidé, et de plus, M. Portalis se crut bien près d'être élu député du Loiret.

Il se trompa encore cette fois. Son concurrent fut réélu.

Au sujet de cette élection ou de celle qui a suivi, dans laquelle Portalis fut aussi candidat, et encore battu, par M. Alasseur, on raconte cette anecdote édifiante et authentique.

M. Portalis possède dans l'arrondissement de Gien une propriété ; mais elle est hypothéquée pour plus que sa valeur. Ces hypothèques faisaient jaser les électeurs, et pendant la période électorale, cela produisait dans le pays, surtout auprès des paysans, un déplorable effet.

Il était urgent d'aviser. Or, rembourser était impossible, faute d'argent. Il fallait trouver un subterfuge ; on le trouva.

Le créancier porteur de l'obligation hypothécaire fut mandé à Paris, par un avoué très connu et très honorable, et cet officier ministériel annonça au créancier que l'obligation serait remboursée dans quelques jours, qu'il serait payé vers la fin de l'autre semaine. Mais comme les élections avaient lieu avant cette date, on lui demandait de vouloir bien donner auparavant sa main levée.

« Je la conserverai dans mon étude, dit

l'avoué, vous ne risquez rien, et vous pouvez être tranquille ».

Le créancier acquiesça à la demande et signa immédiatement la main-levée. Aussitôt Portalis annonça partout qu'il était calomnié, qu'il n'existait pas d'hypothèque sur sa propriété, et que s'il en avait eu, elles avaient été radiées.

Huit jours après l'élection, le créancier était de nouveau appelé chez l'avoué ; et au lieu de son argent, il reçut des excuses de celui-ci pour avoir eu à représenter un homme tel que Portalis. Heureusement, l'avoué n'avait point voulu se défaire de la main-levée, et il put la restituer.

CHAPITRE XIII

Le chantage du « Comptoir National d'Escompte ». — Les affiches contre le gouvernement portugais. — Le comte de R... et l'emprunt « Don Miguel ». — La visite au comte de Burnay.

Parmi les chantages exécutés par M. Portalis dans le *XIXe Siècle*, il faut se garder d'omettre celui opéré sur le « Comptoir National d'Escompte »; il compte parmi les bons.

Personne n'a oublié ces immenses affiches placardées sur les murs de Paris dans lesquelles le gouvernement Portugais était traité de voleur, de filou, d'escroc et de diverses autres épithètes aussi pompeuses. Cette campagne de scandale était menée par des gens audacieux, connaissant parfaitement l'étendue de leurs droits, et surtout ne se laissant pas intimider par les menaces de poursuites avec lesquelles on essaya de les faire taire.

Le meneur de cette ardente campagne était le comte de Reillac, associé à quelques autres tripoteurs marrons de la Bourse et des « pieds humides ».

Le gouvernement Portugais, indigné de ces manœuvres par lesquelles on voulait atteindre son crédit financier, n'avait pas tardé à présenter ses doléances à notre ministre des Affaires étrangères et à lui demander de mettre fin au scandale. Hélas ! la législation française était là, impossible de le faire cesser ; il n'y avait aucun article du Code pour faire prohiber cette publicité. Tout ce que pouvait faire le gouvernement français était d'ordonner à la police de lacérer et d'enlever ces affiches pendant la nuit.

Mais on avait beau les décoller des murs, elles reparaissaient quelques heures après, et les auteurs de cette publicité ne se contentaient plus de faire afficher sur les murailles, ils louaient des voitures-réclames et ils promenaient leurs immenses affiches dans tout Paris, surtout place de la Bourse.

Naturellement, il avait été indispensable à ces gens d'être soutenus par un journal, et un seul journal à Paris était capable d'approuver ce chantage, le *XIX° Siècle*.

Il ne leur fit point défaut.

Quels étaient donc les motifs de l'animosité, de la haine du comte de Reillac contre le gouvernement Portugais ?

M. de Reillac et ses associés avaient accaparé presque tous les titres d'un emprunt portugais connu sous le nom d'emprunt Don Miguel; ils avaient acheté ces actions à un prix très bas, peut-être même pas au prix du poids du papier; et ils avaient émis la prétention d'obliger le gouvernement Portugais à les leur rembourser au taux d'émission.

Cet emprunt fait par le prétendant Don Miguel, pendant la très courte durée de son règne éphémère, avait porté sur un gros chiffre d'actions, mais il était pertinemment établi que 200.000 titres avaient seuls été régulièrement souscrits. Le reste avait été détaché de la souche — on ne savait par qui, ni comment — et avait disparu. Aussi, le gouvernement régulier qui avait succédé à Don Miguel, après constatation du fait, s'était refusé à reconnaître la légalité de cet emprunt et tous les gouvernements qui suivirent prirent la même attitude. Jamais, ils ne voulurent consentir à composer avec les porteurs de titres d'un emprunt dont les véritables souscripteurs ne pouvaient être distingués de ceux qui possédaient des actions volées.

Or, le groupe qui menait dans Paris la campagne scandaleuse des affiches avait ramassé la presque totalité des titres émis ou volés de l'emprunt Don Miguel, et il ne se livrait à cette orgie de réclame tapageuse que pour influencer les Portugais et les obliger à payer une somme de vingt ou vingt-cinq millions. Le moment était bien choisi, puisque M. le comte de Burnay, banquier à Lisbonne, se trouvait à Paris, chargé par le ministre des Finances de Portugal de négocier un emprunt avec le Comptoir National d'Escompte.

Le scandale des affiches pouvait donc faire échouer l'emprunt. En tous cas, il rendait les négociations difficiles et pénibles.

M. de Burnay, afin de concilier les choses, avait accepté, dès le début des pourparlers, la légitimité du remboursement des deux cent mille titres régulièrement souscrits. Il offrit de payer aux porteurs de ces actions, deux millions de francs avec l'intérêt de cette somme depuis cinq ans. Ce chiffre fut repoussé comme trop insuffisant par le comte de Reillac et l'apposition et la promenade des affiches recommencèrent de plus belle.

Le représentant financier du Portugal versa alors la somme de deux millions en dépôt, et le Comptoir d'Escompte, sans se préoccuper du chantage, traita la conclusion de l'emprunt qui était garanti par la Régie des Tabacs.

Que fit alors le syndicat Don Miguel ?

Il s'entendit avec M. Portalis. Le *XIXe Siècle* publia contre M. le comte de Burnay, contre M. Vlasto, administrateur du Comptoir National d'Escompte et contre cet établissement une série d'articles où les injures, la diffamation et le mensonge étaient réédités tous les matins, avec la violence la plus acharnée, la plus indigne.

Je me souviens que le lendemain du jour où parut dans le *XIX° Siècle* le premier article d'attaques contre M. le comte de Burnay, celui-ci vint me voir à mon bureau, au journal l'*Evénement*, et il m'expliqua ainsi les motifs de cette violente et personnelle diatribe :

« J'ai reçu, il y a deux jours, me dit-il, la visite d'un rédacteur du *XIX° Siècle*, envoyé par M. Portalis qui venait m'apporter les épreuves de cet article, me prévenant en outre que si je ne voulais pas consentir à donner VINGT MILLE FRANCS avant le lendemain à midi, il serait publié par le *XIX° Siècle* et suivi de plusieurs autres. J'ai refusé de donner même un centime et voilà l'explication de ces attaques immondes. »

Immédiatement après le départ de M. de Burnay, je racontai le fait au directeur de l'*Evénement* qui ne put s'empêcher devant moi de s'indigner de l'audace de M. Portalis. M. Magnier me dit même ceci : « Pourquoi ne m'avez-vous pas prévenu que M. de de Burnay était venu vous voir ? Vous auriez dû me l'amener. »

J'avoue que j'avais jugé la chose parfaitement inutile.

Les articles de Portalis, le placardage des affiches avaient en tous cas été la cause que l'émission de l'emprunt des Tabacs Portugais fut un four colossal. Il y eut très peu de souscripteurs.

Les maîtres-chanteurs, enhardis par ce succès, en profitèrent pour redoubler la violence de leurs injures et de leurs grossières diffamations jusqu'au moment où le Comptoir d'Escompte se décida enfin à traiter avec le Syndicat du comte de Reillac et avec MM. Portalis et Girard.

J'ignore quel arrangement a été conclu avec les porteurs des actions de l'Emprunt Don Miguel. Je sais que Portalis et Girard avaient de ces gens des promesses écrites et que par conséquent ils ont dû retirer un bénéfice de ce côté ; mais je suis certain aussi qu'il est intervenu une entente entre MM Portalis et Girard et le Comptoir National d'Escompte.

Une forte somme d'argent fut comptée aux directeurs du *XIXe Siècle* et le négociateur amiable de cette conclusion a été un homme très connu et qui occupe une position très en vue dans le monde de la presse à cause des services qu'il rend aux journaux par suite des relations d'affaires et des traités spéciaux qu'il a avec tous.

CHAPITRE XIV

La campagne du *XIXe Siècle* contre le *Petit Journal*. — Un bandit, par M. Ernest Judet. — Un mot de canaillerie. — Le procès Portalis-Laurent.

Le chantage du Comptoir d'Escompte avait eu lieu en 1891.

Cette même année, M. Portalis fit dans son journal la fameuse campagne contre M. Marinoni et contre le *Petit Journal*.

C'était bien audacieux de sa part d'attaquer un tel colosse ; avant de commencer, il avait dû se rendre compte de ce qui pouvait lui advenir. L'inspirateur de la campagne, celui qui pensait en profiter, doit savoir ce qu'elle lui a coûté, car MM. Portalis et Girard ont, sans aucun doute, exigé le paiement anticipé — sans préjudice de celui qu'ils supposaient retirer de M. Marinoni qui ne s'est pas laissé faire.

Toujours la même tactique dans les entreprises de MM. Portalis et Girard.

Ou bien, les attaques, au début, sont anodines, et on compte obtenir très vite par ce simple appel, la somme demandée ; ou bien elles commencent avec violence, portant l'apparence de la ferme volonté de ne vouloir rien accepter — et dans ce cas, cela veut dire qu'un autre a payé la campagne ; mais qu'en y mettant le prix, au bout de quelques articles, il sera possible de l'arrêter.

Portalis, à ce moment, était connu et bien apprécié à sa juste valeur, puisque le 8 avril 1891, M. Ernest Judet lui consacrait ce portrait très ressemblant dans le *Petit Journal* :

UN BANDIT

Il est malaisé de refuser aux criminels torturés par la rage d'être célèbres à tout prix, la gloire spéciale qu'ils ambitionnent.

Portalis, directeur du *XIX° Siècle*, est du nombre de ces affolés de notoriété malsaine qui ne reculent devant rien pour faire connaître un nom prostitué ; il a le vertige du pilori et la passion de la flétrissure.

Personne ne songeait à son passé d'infamie, personne ne prenait la peine de fouiller dans sa vie où chaque jour amène la découverte d'un chantage, d'un faux, d'une escroquerie, de pis encore. Il a fallu qu'il forçât la main à ceux qui voulaient encore l'ignorer, qu'il obligeât ceux qui se contentaient de le mépriser, — à l'exécuter dans les règles.

Cet homme qui a rebuté tous les partis et les a successivement trahis, qui a crocheté toutes les caisses, diffamé quiconque ne le paie pas, laissé des traces maladroites de ses opérations abjectes dans le dossier de tous les ministres, dans les archives de toutes les banques, — s'est improvisé tout à coup marchand de vertu.

Mais son boniment trop bruyant et trop cynique le démasque ; les protestations pleuvent comme grêle ; c'est le chœur des victimes qui l'ont pratiqué pour leur malheur et leur ruine, qui ont subi son contact avilissant, qu'il a dupées, rançonnées et dépouillées, — un beau concert.

Nous ne sommes pas fiers, nous autres journalistes, que Portalis ait eu l'aplomb de se déclarer notre confrère et peut-être de le persuader aux naïfs. Par pudeur professionnelle, nous préférerions épargner à notre plume l'étude des hontes variées qu'il accapare et qu'il personnifie. Mais puisqu'il a levé témérairement une voix qui ne saurait plus être entendue dans une réunion d'honnêtes gens, nous sommes réduits à répudier hautement cet usurpateur d'un titre qu'il dégrade, à renier cet effronté qui continue son métier scandaleux, grâce à notre tolérance, à proscrire de nos rangs épurés ce bandit.

Et puisque les exigences de l'actualité, comme le souci de notre bonne renommée, nous condamnent à nous occuper de Portalis, il importe de lui octroyer publicité pleine et entière. Lui y trouvera son compte : car il tire vanité de sa déchéance et son orgueil contre nature se console d'échecs multipliés par l'idée dépravée qu'il est le plus vicieux de ses contemporains.

Quelque satisfaction pourtant qu'il puise dans la *réclame* faite à ses exploits, son impudence ne comporte plus de demi-mesures ; si cette figure s'impose à nos dégoûts il faut qu'elle soit éclairée sous tous ses aspects, ses replis et ses mystères. Une fois clouée au mur, examinée, retournée, pénétrée, elle cessera enfin de nuire.

Nous avons exposé ici même le portrait d'Eyraud et de Gabrielle Bompard ; nous reproduisons également les traits de Portalis. Il ne dépare pas le voisinage et soutient la comparaison. Qu'on en juge par l'image authentique !

Après avoir lu ce que nous avons cité dans la campagne des journaux qui ont juré de le montrer à nu, en étudiant sa tête, le lecteur sera stupéfait que ce Robert Macaire vivant, qui a exploité tous les mondes, souillé toutes les affaires, sali tous les drapeaux, mis à l'encan toutes les opinions, échappe à la seule autorité qu'il redoute et dont il relève, au bras du gendarme ?

. . . .

Après avoir cité les épisodes de cette vie si remplie, le *Petit Journal* finissait ainsi cet article :

« Un signe particulier complète cette physionomie de bandit qui a pris le journal pour tromblon et la publicité comme projectile, qui se sert des rentes en vidant les poches des badauds qu'il déconcerte ou qu'il épouvante : il se plaît à insulter ses victimes ; il a l'expropriation gaie ; il raille agréablement ceux qu'il a fait chanter et mis à sac.

« Les souffrances dont il est l'auteur, le dilatent ; il les irrite avec délices et l'indignation d'autrui le chatouille doucement au bon endroit : Une femme lui demandait compte d'une parente mineure qu'il a débauchée. Il riposte : « Me garantissez-vous sa vertu ? » Une autre, dont il a ruiné et mené à Mazas le mari, le somme de restituer : « Vous êtes encore jeune et jolie, vous pouvez gagner votre vie ! » Ce sont les gracieusetés spontanées de Portalis, c'est ainsi qu'il est spirituel, c'est le thème favori de ses plaisanteries. Qu'on s'étonne ensuite s'il a peu d'amis, s'il a laissé partout des rancunes furieuses ! Elles se retournent aujourd'hui contre lui et le déshabillent devant le public édifié sans retour.

« Nous avons tenu à mener jusqu'au bout cette étude sur le nu ; nous ne tenons qu'à empêcher la contagion du mal dont Portalis est le plus parfait représentant ; c'est une œuvre d'hygiène ; nous espérons qu'une bonne quarantaine écartera les effets de la contagion ; car nous n'avons pas la prétention d'assainir Portalis ; sur sa peau morte les coups ne marquent plus ; rien ne fait cabrer ses reins vidés, son âme affaissée. Un jury d'honneur serait la vraie sanction pour le régler ; mais il déteste ce tribunal autant que les habitués de la Roquette redoutent le couperet de la guillotine.

« Qu'il demeure donc dans la boue où il est

à l'aise ; nous n'avons voulu que l'isoler en le décrivant tel qu'il est ; dorénavant, nous ne reviendrons plus sur lui, sauf pour signaler les fragments encore inédits de son histoire et les révélations qui naîtraient par surcroît.

« Du moment qu'il sera inoffensif, nous serons satisfaits ; car nous n'avons pas plus de haine pour lui que le bistouri n'en a pour l'abcès dont il fait claquer les parois empoisonnées, éclater la chair décomposée, jaillir le pus et vider l'infection. »

M. Portalis, au moment de cette campagne, au cours de laquelle il était déshabillé, mis à nu et traité comme il le méritait, eut, paraît-il, un mot admirable de canaillerie et d'effronterie.

Après avoir lu l'article du *Petit Journal*, il s'écria, en s'esclaffant de rire :

« C'est tout ça qu'ils ont trouvé à dire contre moi ! Eh bien ! si j'avais à faire un article sur moi, j'en dirais bien d'autres ! »

Il se vengea sur M. Charles Laurent, rédacteur en chef du *Jour*, qu'il diffama brutalement.

M. Laurent, pour lui permettre de faire la preuve de ses diffamations, l'assigna devant la Cour d'assises de la Seine, mais M. Portalis, dédaignant de s'y présenter, se laissa condamner par défaut à plusieurs mois de prison.

Qu'est-ce que cela pouvait bien lui faire ?

En effet, quelques mois après, par l'entremise de M. Constans, l'affaire était arrangée ; les mois de prison etaient effacés, et le jugement tomba de lui-même, puisqu'il ne fut pas signifié et que la plainte fut retirée.

CHAPITRE XV

L'influence politique du *XIX° Siècle*. — L'affaire Pellorce. — Le chantage Circaud. — La campagne contre le « Crédit Lyonnais ». — La demande de cinq cent mille francs au Crédit Foncier. — Le chantage de l'« Alliance Financière ». — Le suicide du directeur, M. Boulan. — Le jugement constatant le chantage.

On a vu quelle était la puissance de M. Portalis. Il avait obligé le ministre de l'Intérieur à intervenir pour enlever tout son effet à une condamnation, à un arrêt de Cour d'assises.

N'y avait-il pas dans ce seul fait de quoi proclamer son influence sur le gouvernement, et inspirer une réelle terreur à tous les financiers, petits ou grands, qu'il tenait en coupe réglée ?

Lorsqu'ils étaient petits et véreux, tel Pellorce, le *XIX° Siècle* les faisait chanter doublement, c'est-à-dire qu'ils payaient pour les articles qui avaient paru, et ensuite pour ceux qui devaient paraître. Dans cette catégorie, c'est le fidèle Girard qui opérait. Le chantage sur Pellorce, un banquier condamné plusieurs fois pour abus de confiance et sous le coup d'une nouvelle poursuite, fut pratiqué avec une maestria incomparable.

L'intermédiaire qui avait négocié l'arrangement avait pris rendez-vous pour terminer l'affaire chez Voisin. L'honnête trio déjeunerait ; puis, entre la poire et le fromage, l'écumeur de bourse paierait la rançon à l'écumeur de presse. Donc, au dessert, Pellorce tira de son portefeuille une liasse de billets de mille — vingt — et les donna à Girard qui les prit délicatement, les compta et les mit dans sa poche. Après cela, il dit au banquier : « Ça, c'est pour les articles qui ont déjà paru, mais combien donnez-vous, maintenant, pour ceux qui pourraient paraître ? »

Pellorce, qui avait probablement été prévenu par l'intermédiaire, en tiers dans l'entrevue, que vingt mille francs ne suffiraient pas, essaya de rechigner ; mais finalement, il fut contraint de sortir une deuxième liasse de vingt billets de mille francs, et il la remit à Girard en lui disant :

« Je n'ai pas la prétention d'être un parfait honnête homme, mais vrai, je n'ai pas encore rencontré un gredin tel que vous ! »

Il n'en était pas à son coup d'essai.

Lorsque le *XIXᵉ Siècle* inséra une série

d'articles contre la banque du Louvre, dirigée par un financier nommé Circaud, il en résulta un procès en diffamation, et, à l'audience, la preuve fut faite que le *XIXe Siècle* avait reçu une première fois de l'argent pour cesser ses attaques. Malgré cet arrosage, les attaques avaient repris peu de temps après. L'explication est toute naturelle : M. Circaud avait payé pour les articles parus, il avait oublié d'éclairer pour les articles futurs.

Pour éviter la continuation de cette campagne, M. Circaud n'eut qu'un moyen : il adressa à tous ses clients une circulaire dans laquelle il les priait de venir retirer leurs dépôts d'argent ; il paya à guichet ouvert, puis liquida sa maison de banque et se retira avec un capital net et liquide de plus de dix-huit cent mille francs.

La campagne entreprise contre le Crédit Lyonnais eut pour cause le refus par cet établissement financier d'une somme de trente mille francs, que MM. Girard et Portalis avaient exigée. La publication d'une série d'articles fut la réponse du *XIXe Siècle*.

On m'a affirmé que satisfaction avait enfin été donnée aux directeurs du *XIXe Siècle*, et le silence se fit.

M. Christophle lui aussi a eu son heure. Il est même celui qui a le plus généreusement payé pour éviter une deuxième campagne. Le chiffre qu'il a donné est un gros chiffre. On lui avait demandé cinq cent mille francs, comme à M. Secrétan. Il a donné moins, mais le morceau était encore très important.

MM. de Rothschild savent aussi ce qu'il leur en a coûté de ne pas passer sous la plume de M. Portalis.

En résumé, il n'est pas une seule Société financière de Paris qui n'ait pas été obligée de capituler sous peine d'être fustigée par la plume à tout faire de MM. Portalis et Girard. Et il ne faut pas croire que dans les demandes de ces maîtres-chanteurs, il était question de publicité ordinaire faite dans les bulletins financiers de tous les journaux ou autrement ; ces gaillards ne mettaient pas de gants ; ils demandaient carrément une grosse somme, sinon on était assuré de s'attirer le désagrément d'une série d'éreintements.

On a beau dédaigner la calomnie et les attaques, il en reste toujours quelque chose.

Aussi, les financiers qui ont à sauvegarder des intérêts considérables y regarderont à deux fois avant de se laisser attaquer. Que peuvent-ils faire d'ailleurs pour regimber et se défendre contre de telles campagnes ?

Faire un procès ?

Ils sont sûrs de le gagner, mais ce succès sera une victoire à la Pyrrhus, car le journal poursuivi a le droit de faire la preuve, et s'il ne peut prouver tout ce qu'il a dit, il prouvera toujours assez pour faire croire à sa prétendue bonne foi et atténuer ses attaques.

Quelle est donc la Société qui n'a jamais commis la plus petite incorrection ?

Laquelle n'a jamais enfreint plus ou moins la loi sur les Sociétés ? Quelle est celle qui n'a pas trouvé un moyen plus ou moins habile de tourner les termes de cette lois ? Où est-elle cette Société ?

Donc, les maîtres-chanteurs ont beau jeu, et Portalis que les scrupules n'arrêtaient pas avait toute liberté pour rançonner les établissements financiers.

Il suffirait pour se rendre compte de tous les faits de chantage exercés par le *XIXe Siècle* de suivre attentivement la collection de ce journal.

Toute banque, toute Société financière qui a été attaquée, a été mise à contribution. Dès que le journal a cessé les attaques, la preuve morale du chantage doit être considérée comme faite, qu'il ait été tenté ou qu'il ait été exécuté.

Tout ministère dont la politique a été violemment combattue était un gouvernement n'ayant pas voulu payer à MM. Portalis et Girard une mensualité sérieuse sur les fonds secrets. Et il ne faut pas s'arrêter aux articles des leaders du *XIX᷉ Siècle* ; c'était au contraire une raison décisive — bien que ceux-ci appartinssent au parti radical, — pour obtenir un prix plus élevé. Je ne veux pas dire que ces députés ou écrivains aient eu leur participation dans les fonds secrets payés tous les mois à M. Girard ou à M. Portalis ; mais leurs noms servaient d'enseigne radicale à la maison ; ils étaient le pavillon qui servait à couvrir une marchandise avariée ; ils étaient peut-être indépendants personnellement, mais le reste du journal ne l'était plus, car il était loué tant par mois au ministre opportuniste de la place Beauvau. Il faut enfin ajouter que leur précieuse collaboration aurait été prestement interrompue, si elle avait eu un autre objectif que celui de couvrir la personnalité vénale et compromise de M. Portalis. Les articles des députés ou des conseillers municipaux n'ont jamais fait vendre un seul exemplaire du *XIX᷉ Siècle*. Les acheteurs du journal étaient les amateurs de scandales, les *dilettanti* du chantage. Nul dans la rédaction n'ignorait le petit commerce des patrons, pas plus que qui que ce soit dans la presse n'en doutait. Je me permets de dire à ceux qui voudraient faire croire le contraire qu'ils ont un fier toupet ! Leur seule justification — pour quelques-uns — est d'avoir honnêtement travaillé de leur métier de journaliste, sans prendre exemple sur ce qui se pratiquait dans la colonne voisine ou dans la page précédente.

D'ailleurs, dans toutes les campagnes menées par MM. Portalis et Girard, le moindre souci des directeurs du XIX° Siècle a été de prendre en considération les intérêts des actionnaires des Sociétés qu'ils attaquaient. Si, dans les articles qu'ils publiaient, ils mettaient en avant la défense des capitalistes, rien n'était au fond plus inexact. On voulait uniquement piller la caisse sociale, et il était de nulle importance que les actionnaires fussent ensuite ruinés.

La preuve la plus évidente est que la campagne contre Secrétan avait amené la débâcle de la Société des Métaux et avait eu pour conséquence le krack du Comptoir d'Escompte.

Les articles contre la Banque du Louvre causèrent la mise en liquidation de cette affaire. Les attaques contre l'Assurance Financière provoquèrent le suicide du directeur, M. Boulan, et la ruine de la Société.

Dans ce dernier exploit de chantage, les demandes d'argent de MM. Portalis et Girard ont été tellement impudentes, et la remise des sommes extorquées a été si extraordinaire, que le liquidateur judiciaire de l'Assurance Financière, M. Lemarquis, n'a pu faire moins que de réclamer devant les Tribunaux à MM. Portalis et Girard, la restitution des sommes indûment perçues.

Voici le jugement fortement motivé relatif à cette affaire, rendu par la Chambre du Tribunal Civil de la Seine, dans l'audience du 24 octobre 1894 :

« Le Tribunal.

« Attendu que des documents retrouvés dans les archives de la Société Mutuelle l'Assurance Financière, dont Lemarquis est liquidateur, résulte la preuve que du 25 février 1887 au 31 décembre suivant, Portalis a touché à la Banque de France, sur acquits signés de lui, 50,000 francs, montant de trois chèques au porteur souscrits par Boulan, directeur de l'Assurance Financière, savoir :

« 1º Un chèque de 20,000 francs (nº 25,908) en date du 25 février 1887, acquitté le 26 ;

« 2º Deux chèques en date du 6 août 1887, acquittés le même jour, l'un (nº 86,177) de 20,000 francs, l'autre (nº 81,178) de 10,000 frs. ;

« Qu'il résulte des mêmes documents que, du 30 juillet 1887 au 1ᵉʳ février 1888, Girard a touché à la Banque de France, sur acquits signés de lui, la somme de 90,000 francs, montant de trois chèques souscrits par Boulan, directeur de l'Assurance Financière, savoir :

« 1º Un chèque de 50,000 francs (nº 86,176),

en date du 30 juillet 1887, acquitté le même jour;

« 2° Un chèque de 10,000 francs (n° 86,184), en date du 2 septembre 1887, acquitté le même jour;

« 3° Un chèque de 30,000 francs (n° 86,192), en date du 31 octobre 1887, acquitté le 2 novembre.

« Attendu que tout démontre à l'évidence que ces paiements ont été faits sans cause; qu'il n'est pas établi qu'il existât aucune relation d'affaires entre l'Assurance Financière et Portalis et Girard qui pût légitimer une obligation s'élevant à un chiffre aussi important; qu'on n'en retrouve aucune trace dans les livres et écritures de la Société; que, de leur côté, Portalis et Girard sont impuissants à en indiquer aucune; que, en dehors de toute allégation à cet égard, ils se bornent à se réfugier derrière la règle écrite dans l'article 1235 C. civ., aux termes de laquelle tout paiement suppose une dette; mais que cette présomption disparaît lorsque, comme dans l'espèce, la preuve contraire est faite;

« Que les paiements effectués ne peuvent d'ailleurs avoir pour cause légitime une donation, puisqu'ils ont été faits avec les deniers d'une Société, dont les statuts régulièrement publiés et dès lors obligatoires pour les tiers, n'autorisaient pas le directeur, sur l'ordre duquel ils ont été opérés, à consentir de semblables libéralités;

« Que des paiements faits sans causes juridiques sont donc sujets à répétition de la part du liquidateur de l'Assurance Financière;

« Qu'en vain Portalis et Girard prétendent que ces paiements n'y sauraient être soumis sous le prétexte qu'ils auraient été faits en connaissance de cause et que la répétition de l'indû n'est recevable, de la part de celui qui a payé, qu'autant qu'il prouve qu'il a payé par erreur; qu'à supposer qu'en droit l'argument ait pu procéder contre Boulan si celui-ci avait agi à titre de simple particulier, gérant ses affaires personnelles et disposant de deniers lui appartenant en propre, il n'a aucune valeur juridique au regard du liquidateur de l'Assurance Financière qui représente au procès cette Société; que Boulan n'a souscrit les chèques qui ont été touchés par Portalis et par Girard, qu'en sa qualité de directeur de l'Assurance Financière; qu'il a agi seul, sans consulter le Conseil d'administration, et en excédant manifestement les pouvoirs qu'il tient des statuts sociaux; que les paiements ont donc été effectués sans que la Société les ait connus et que l'objection manque, par suite, en fait;

« Qu'il échet dans ces conditions d'ordonner que Portalis et Girard restitueront au demandeur les sommes qu'ils ont indûment touchées, savoir Portalis 50,000 francs, Girard 90,000 fr.;

« Que la condamnation doit au surplus être ramenée à ces chiffres;

« Qu'on ne saurait, en effet, faire entrer en ligne de compte ni le chèque n° 25,910 du 25 février 1887, qui n'est pas représenté, ni le chèque au porteur n° 86,198, payé le 2 janvier à un sieur Canet, sans que rien permette de les rattacher l'un et l'autre avec certitude à Portalis ou à Girard;

« Qu'en ce qui touche les huit chèques souscrits par Boulan en sa qualité d'administrateur-délégué de la Société le Comptoir d'avances, et acquittés à des dates diverses du 6 juin 1887 au 1ᵉʳ février 1888 par Girard, il n'est pas justifié que Lemarquis, qui n'est liquidateur que de l'Assurance Financière, ait qualité pour représenter le Comptoir d'avances, qui est lui-même en liquidation, et a pour mandataire Guestron;

« En ce qui touche la Société anonyme du journal le *XIX° Siècle*:

« Attendu que les pièces produites établissent que les chèques, du montant desquels le Tribunal ordonne la restitution, ont été touchés directement soit par Portalis, soit par Girard, sans que rien démontre que ceux-ci en aient versé les fonds dans la caisse du journal; que Girard et Portalis ont toujours fait suivre les signatures qu'ils ont apposées au bas de leurs reçus de leurs adresses personnelles; que, quelque graves que puissent paraître les présomptions résultant des mentions inscrites par Boulan sur les talons des chèques retrouvés dans les archives de la Société l'Assurance Financière, elles ne sauraient équivaloir à la preuve juridique qui serait nécessaire pour prononcer une condamnation contre la Société anonyme du *XIX° Siècle*;

« Par ces motifs,

« **Condamne Portalis à restituer à Lemarquis**

ès qualités, et avec les intérêts de droit pour chaque chèque du jour où il a été touché, la somme de 50,000 francs qu'il a indûment touchée du 25 février au 31 décembre 1887;

« Condamne Girard à restituer à Lemarquis ès qualités, et avec les intérêts de droit pour chaque chèque du jour où il a été touché, la somme de 90,000 francs qu'il a indûment touchée du 30 juillet 1887 au 1er février 1888;

« Déboute Lemarquis du surplus de ses fins et conclusions, notamment en ce qui concerne la Société anonyme du journal le *XIXe Siècle*;

« Condamne Portalis et Girard aux dépens, sauf en ce qui concerne les frais faits vis-à-vis la Société du journal le *XIXe Siècle*, qui resteront à la charge de Lemarquis ès qualités. »

CHAPITRE XVI

Le Chantage sur les Casinos et les Cercles. — La Campagne des lettres du « Vieux Ponte » — Cercles ouverts et Cercles fermés. — Les attaques contre les frères Bertrand. — Le Syndicat Troart. — Les deux réunions au restaurant Bignon. — Treize journaux. — Les 50,000 francs du *XIXe Siècle* et les 18,000 francs du *Radical*. — Le Chantage Bertrand. — Le chèque de 70,000 francs. Les attaques contre MM. Bloch et Crémieux. — Les 500 francs de De Clercq. — Le Chantage de Sammarcelli. — Le Scandale des camelots à Vichy. — Le « Vieux Ponte » et le Cercle de l'Escrime. — La plainte de M. Bloch.

Lorsque toutes les Sociétés de crédit, lorsque tous les gros financiers, comme la maison Rothschild et le baron Hirsch ont été rançonnés, il a fallu laisser reposer toutes ces victimes, au moins pendant quelques mois.

Précisément, pendant la saison d'été, les affaires de finance chôment quelque peu.

Au contraire, les villes d'eau regorgent de visiteurs ; c'est la saison des casinos. Or, les stations thermales ne vivent que par les casinos qui donnent de l'animation, du mouvement, des distractions et des fêtes, et les casinos ne peuvent vivre eux-mêmes que par le jeu. Vouloir fermer les salles de jeu des casinos des bains de mer ou des stations thermales serait ruiner du coup toutes ces villes, tuer leur commerce, et réduire des neuf dixièmes toute la clientèle des baigneurs qui vient pour s'y reposer et en même temps pour s'y amuser.

Le chiffre des étrangers qui apportent leur argent dans nos stations balnéaires est considérable.

Qui profite des dépenses faites dans ces villes d'eaux ? Toute la région, toute la ville, tous les environs, depuis le plus humble des ouvriers jusqu'aux actionnaires et aux directeurs des casinos. Parce que ceux-ci en tirent les plus gros bénéfices, il ne doit pas en résulter qu'il faut ruiner toute une contrée et faire retomber sur tous les commerçants d'une ville les quelques malhonnêtetés qui sont le fait d'un seul individu ou de plusieurs.

Tandis que la Belgique laisse ouvrir partout des maisons de roulette et de trente et quarante dont le seul objectif est de concurrencer nos stations thermales, tandis que l'Espagne et l'Italie cherchent à attirer sur leur sol à Bordighera, à Saint-Sébastien les habitués de Nice ou de Biarritz, il se produit chez nous ce phénomène incroyable que nous faisons tout le possible pour chasser les étrangers habitués de nos villes d'eaux, alors que nous devrions tout faire pour les retenir, pour les conserver.

Évidemment, il s'est produit dans les casinos des faits regrettables et répréhensibles. Mais, est-ce une raison suffisante pour vouloir transformer ces endroits en de véritables refuges du puritanisme et de la vertu ? De tout temps on a volé au jeu ; il y aura toujours des malfaiteurs pour essayer de voler. Le devoir d'un gouvernement est de veiller à supprimer la fraude et le vol, et pour atteindre ce résultat, point n'est besoin de tout fermer, de tout supprimer, et de transformer nos villes d'eaux en véritables nécropoles qui seraient désertées de tous ceux qui avaient tant plaisir à s'y délasser et à s'y distraire.

Il est impossible que dans ce monde venu de partout, où les relations s'établissent du jour au lendemain, sans références, sans renseignements, il ne se trouve pas quelques filous — chevaliers d'industrie ou rastaquouères de toute marque, — à la recherche d'un bon coup à réussir, d'une tricherie à tenter.

C'est la chose inévitable ! Mais pour un voleur qui se glisse dans une maison, il ne peut s'ensuivre qu'il faut poursuivre et condamner tous ceux qui sont dans la maison. Dans ce cas, celui qui a le plus intérêt à étouffer l'affaire est le propriétaire, car si le bruit se répandait que sa maison n'est pas sûre, il ne trouverait plus de locataire pour la louer.

Les directeurs de casinos sont dans la même situation. Seulement, lorsqu'il se produit une tentative de vol ou même lorsqu'il s'accomplit un vol, qu'ils n'ont pu empêcher et dont ils ne sont nullement responsables, à cause de la surveillance qu'ils exercent et qu'ils ont tout intérêt à exercer, — au lieu de livrer le coupable aux tribunaux et de le faire arrêter par la police, ils se contentent de l'expulser et de l'envoyer se faire pendre ailleurs. Surtout, ils ont bien soin de n'en souffler mot à quiconque de peur que l'affaire ne s'ébruite. Eh bien, cela est une pure sottise, car si les gens qui volent au jeu savaient qu'ils seraient livrés aux tribunaux correctionnels et impitoyablement condamnés, il y aurait moins de grecs et de philosophes pour courir les villes d'eaux.

La Sûreté générale a pour habitude de signaler aux commissaires spéciaux de police les déplacements des grecs les plus connus, et elle leur fait interdire, autant que faire se peut, l'accès des casinos. C'est déjà une très bonne mesure. Ne serait-il pas préférable d'obliger les directeurs de casinos à signaler tous les faits délictueux qui se produisent? Ne pourrait-on en même temps exercer une police occulte pour découvrir les malhonnêtetés que les directeurs auraient eu intérêt à ne pas dévoiler? Tout délinquant devrait être livré aux tribunaux, fût-il croupier ou seulement escroc et grec. Voilà le seul moyen d'empêcher le vol au jeu et de supprimer les abus des croupiers.

Portalis qui est un homme très au courant de la vie de Paris aussi bien que celle des villes d'eaux, était donc en disponibilité de chantage, lorsqu'il reçut la visite d'un grec, Hardisson, qui ne pouvait plus travailler parce qu'il était signalé partout où il se présentait. C'était dur de rester inactif en pleine saison; il proposa à Portalis de lui fournir une série de renseignements assez précis sur la manière de voler au jeu et sur tous les moyens employés par les croupiers malhonnêtes pour dépouiller les joueurs.

Puisqu'on lui fermait la porte des casinos, il voulait à son tour en tirer vengeance en créant des difficultés à la police, sur laquelle on ne manquerait pas de faire retomber la culpabilité des méfaits signalés.

Ce philosophe, le plus renommé de France, connaissait en effet toutes les tricheries des grecs et tous les trucs des croupiers pour les avoir pratiqués. Nul mieux que lui n'était au courant des moyens employés par les employés des cercles et casinos pour voler leur patron et aussi les joueurs.

C'était bien le digne homme qui convenait

à Portalis pour lui fournir tous les éléments d'une campagne contre les villes d'eaux.

Les lettres d'un « Vieux Ponte » quoique arrivant un peu tard eurent du succès.

Tous les directeurs des casinos de province furent éreintés, abîmés et finalement dévalisés par les acolytes de Portalis, expédiés pour obtenir de l'or en retour d'un généreux silence.

En dehors de ces messagers officieux et autorisés, il y avait dans chaque ville d'eaux, une demi-douzaine de chevaliers d'industrie qui se prétendaient le « Vieux Ponte », s'attribuaient la paternité des articles du *XIXe Siècle*, et en profitaient pour escroquer une vingtaine de louis aux croupiers dont la conscience n'était pas tranquille.

La campagne fut fructueuse. Portalis mis en appétit s'apprêta à la continuer en dirigeant sa plume contre les cercles de Paris, et il fut favorisé par les événements.

A ce propos, qu'il me soit permis de relever une erreur accréditée dans le monde du boulevard et dans la presse.

Bien à tort, on cherche à faire une distinction entre les cercles qu'on nomme *cercles fermés* et ceux qu'on appelle *cercles ouverts*. Administrativement il n'y a pas de différence. Les uns comme les autres, sont assujettis à la même loi de 1832 qui dit tout simplement que toute association de plus de vingt personnes doit être autorisée par le gouvernement, et cette autorisation peut être retirée par celui-ci quand il veut et sans explication, parce que tel peut être son bon plaisir.

Les autorisations de cercles sont toutes les mêmes.

Le ministre de l'Intérieur, par son délégué, le préfet de police, peut demain, s'il en a la fantaisie, prendre un arrêté de fermeture contre le Jockey-Club, comme il l'a pris un soir pour enjoindre la fermeture du Bonnet-Vert ou du Coupe-Gorge.

La seule différence qui existe entre les cercles dits *fermés* et ceux dits *ouverts* est que les premiers s'administrent eux-mêmes, tous les membres étant garants de la gestion financière du cercle, et du déficit, s'il s'en produit, — et que dans les autres, les membres ne sont responsables que du paiement de leur cotisation, le cercle étant géré par une Société en actions qui a les charges financières et encaisse les bénéfices.

Mais on joue autant et peut-être davantage dans certains cercles dits fermés, tels que l'*Epatant* ou le *Volney*, que dans les cercles dits ouverts. Ainsi, depuis l'arrêté de M. Lépine interdisant les prêts d'argent, la partie est plus forte dans les cercles fermés que dans les autres. L'explication est facile à donner : il y a encore à l'*Epatant* et au *Volney*, des employés prêteurs. Pourquoi les a-t-on maintenus dans ces cercles alors qu'on les supprimait dans les autres ? M. le Préfet de police me répondra peut-être que dans ces grands cercles il y a peu de républicains, qu'il y a beaucoup de réactionnaires et qu'on y dit beaucoup de mal de la République et de son gouvernement, et c'est bien là une explication suffisante.

Mais il ne faut pas dire que dans ces clubs élégants on ne vole pas au jeu ! C'est le contraire qui est exact ; la tricherie est plus facile qu'ailleurs, d'abord, parce qu'il n'y a pas de croupiers, et si l'on évite de cette façon le vol de ces employés, on n'est pas protégé par la surveillance intéressée qu'ils exercent pendant la partie à l'égard des joueurs malhonnêtes ; ensuite, parce qu'il s'est produit dans ces cercles des scandales beaucoup plus nombreux et beaucoup plus retentissants que dans tous les autres cercles ouverts.

Qu'il me suffise de rappeler les affaires scandaleuses du Cercle de la rue Royale, et l'aventure de ce même philosophe Hardisson qui eut la faculté d'opérer pendant plusieurs semaines au Cercle Artistique, à l'*Epatant*, dans lequel il avait pu se faire admettre sous un faux nom. Dans un cercle dit ouvert, il n'aurait pu entrer, malgré son maquillage et son faux titre de baron ou de comte.

Les caissiers prêteurs du Volney ou de l'Epatant sont aussi riches et gagnent autant d'argent que ceux qui existaient autrefois dans les autres cercles. On les a conservés tout simplement parce que les journaux ne les attaquaient pas.

Et si on ne les a pas attaqués, c'est que les journalistes n'étant pas admis dans ces clubs, ils ne peuvent pas être renseignés sur ce qui s'y passe et il est plus difficile pour eux de mener une campagne contre un inconnu que contre un homme qu'on voit tous les jours et dont on connaît les faits et gestes.

Voilà pourquoi le *XIXᵉ Siècle* entreprit sa campagne contre les cercles administrés par des Sociétés anonymes.

Encore eut-il soin de ne s'en prendre qu'aux administrateurs de ces Sociétés, — aux tenanciers, puisque tenanciers il y a.

Les plus visés furent les trois frères Bertrand. L'un était administrateur du Cercle Franco-Américain, l'autre du Betting-Club, et le troisième du Club Anglais. Circonstance aggravante, le second se trouvait impliqué dans une affaire d'usure, à la suite d'une plainte en escroquerie qu'il avait lui-même portée contre un commerçant relativement à une affaire particulière. Les attaques du *XIX° Siècle*, qui avaient d'abord visé spécialement le directeur du Betting-Club, s'adressèrent bientôt au directeur du Cercle Franco-Américain. Tous deux passaient pour être fort riches, et quand on a gagné beaucoup d'argent après être parti de peu on n'aime pas à être discuté par la presse. Les attaques furent violentes, brutales, pendant plusieurs semaines, et tous les jours elles se répétèrent.

Plusieurs journaux reproduisirent les articles du *XIX° Siècle*. Les uns sans se rendre compte du mobile qui les avait inspirés, les autres le sachant très bien et voulant se réserver une part à la curée. Car, il faut bien le dire, il n'y a pas que le journal le *XIX° Siècle* qui ait fait chanter les cercles et casinos. La plupart des journaux qui ont fait des campagnes violentes contre les cercles et casinos, campagnes dans lesquelles des personnalités étaient directement visées et injuriées ont eu pour but le chantage.

J'aurais trop de travail si j'étais obligé de citer toutes les tentatives que je connais, tous les faits particuliers qui m'ont été signalés dans l'enquête que j'ai été obligé de faire pour recueillir les renseignements dont j'avais besoin pour écrire ce livre. Et puis, à quoi bon citer des noms de journaux qui ont très certainement été compromis par des individualités sans mandat ! C'est parfaitement inutile. Je ne saurais cependant passer sous silence l'attitude de ce directeur que vint trouver un jour un envoyé d'un des plus grands cercles afin de l'aviser qu'un de ses rédacteurs ou courtiers d'annonces était venu exiger une somme de dix mille francs pour prix de son silence. Certes, le directeur était absolument étranger à cette tentative et il fut le premier à la blâmer :

— Vous savez, dit-il ensuite, moi je ne m'occupe pas de ces affaires, cela ne me regarde pas.

Puisque l'affaire ne regardait pas le journal, on s'en tira à bon compte avec le « faiseur d'affaires » du journal. Du moment que c'était pour lui, personnellement, et non pour le journal, on eut la complaisance de lui donner quelques centaines de francs, et on se débarrassa de lui.

Mais le « Vieux Ponte » du *XIXe Siècle* continuait tous les jours sa série d'attaques contre les frères Bertrand : la campagne devenait dangereuse, le Betting-Club avait été fermé. Le Préfet de police avait pris des mesures pour purger certains clubs des personnalités douteuses qui étaient signalées, les prêts avaient été interdits et des agents de la préfecture venaient dans les salles de jeu contrôler l'exécution des arrêts prescrits par M. Lépine.

Tout cela était parfait, et on ne saurait trop féliciter l'administration de l'adoption de ces décisions énergiques. Le jeu étant impossible à empêcher d'une manière absolue, ne vaut-il pas mieux le surveiller dans les endroits où il est toléré que d'être obligé de le rechercher lorsqu'il serait clandestin, c'est-à-dire beaucoup plus dangereux ? D'ailleurs, les professeurs de vertu sont le plus souvent des professeurs de chantage, et je ne sais lesquels sont à blâmer de ceux qui les croient vertueux ou de ceux qui les sachant maîtres de chant n'ont pas le courage de leur résister. Pourquoi tolèrerait-on que tel cercle composé d'aristocrates ait le droit de jouer au baccara et pourquoi en même temps défendrait-on de jouer ce jeu dans un autre cercle parce que celui-ci serait fréquenté par des bourgeois et par des commerçants ?

Mais, au fond, toute cette question importait fort peu à Portalis et à Girard. Ce n'est pas pour défendre la vertu et les pontes qu'ils attaquaient les cercles. Ils visaient la caisse des directeurs.

Le scandale était donc dans son plein ; les articles du *XIX° Siècle* injuriaient à tour de rôle avec la dernière violence, tous les directeurs ou administrateurs de cercles. M. Portalis complétait la mise en scène en envoyant devant la porte de chaque cercle une demi-douzaine de camelots payés par lui et chargés de vendre et de distribuer le journal, à grand renforts de réclame et de cris.

La situation était à l'état aigu. On pouvait s'attendre à tout, notamment à un retrait d'autorisation frappant indistinctement tous les cercles de Paris, administrés par des Sociétés anonymes. Plusieurs journaux avaient, en effet, emboîté le pas derrière le *XIX° Siècle*, et le Préfet de Police, dans un moment d'embêtement, ignorant le véritable mobile de la campagne faite par la presse, — pour se débarrasser de tous tracas, risquait fort de se laisser influencer par cette prétendue invocation à la vertu.

On en était là, lorsque M. Trocard, administrateur du journal *La Paix*, un des organes qui avaient autrefois fait une campagne très courte (?) contre les cercles et casinos, convoqua tous les présidents ou administrateurs de cercles à une réunion qui se tint chez Bignon. Il est juste d'observer que M. Trocard, avait vu auparavant M. Bertrand et qu'il lui avait proposé l'idée de cette réunion. Le directeur du Cercle Franco-Américain ayant accepté, la convocation fut faite.

Que se passa-t-il dans ce cabinet du restaurant Bignon?

M. Trocard avait pensé qu'il y aurait plus d'argent à gagner en se mettant du côté des directeurs de cercles que du côté des journaux qui les attaquaient. C'est pourquoi il leur proposa de faire un budget de publicité et de le distribuer à la presse, comme fait Monaco.

« Si vous voulez être désormais tranquilles vous n'avez que cela à faire, leur dit-il. »

Il s'agissait d'abord de faire deux cent cinquante mille francs par an. C'était une somme trop considérable, et elle fut immédiatement écartée, parce qu'elle était impossible à grouper. Les actions de cercles rapportent un intérêt de 12 à 15 0/0. Si on était obligé de distraire une aussi forte somme elles ne donneraient même plus 6 0/0. M. Trocard affirma qu'on pouvait « marcher » avec un budget de 150,000 francs.

Il s'agissait aussi de savoir à qui serait distribuée cette somme.

M. Robert Kemp, président du Cercle des Méridionaux et l'un des syndics de l'Association des journalistes républicains, posa alors à M. Trocard cette question :

— Vous venez de nous donner connaissance d'une liste de treize journaux dont vous avez mis le nom sur votre papier avec un chiffre en regard. Eh bien, je désirerais savoir si ce syndicat et ces chiffres sont un simple projet de votre imagination ou bien si vous pouvez vous appuyer sur quelque chose de plus effectif ».

D'après la déposition faite par M. Robert Kemp chez le juge d'instruction, M. Trocard aurait répondu :

« J'ai vu les directeurs de ces journaux, et je suis à peu près d'accord avec eux. »

Cependant l'entente ne put se faire parce que M. Trocart aurait déclaré que M. Portalis exigeait pour lui seul cinquante mille francs pour se taire ; que, de plus, M. Simon, directeur du *Radical*, lui avait dit qu'il voulait pour son journal « une subvention de 18.000 francs par an, dont 9.000 payés d'avance, et que, si on ne les lui donnait pas, il ferait interpeller à la Chambre par un député rédacteur de son journal. »

Le *XIXe Siècle* ne figurait pas sur la liste du syndicat. Il avait été mis de côté.

On s'ajourna au surlendemain, afin de consulter les comités qui seuls avaient qualité pour répondre. Une nouvelle réunion eut donc lieu, et là tout se disloqua, les comités et les conseils d'administration des cercles ayant refusé de donner un centime, car payer dans ces circonstances était avouer la véracité de tout ce qui avait été raconté. Le détail de tout ce qui s'était passé dans les deux réunions fut inséré dans le procès-verbal de la délibération des conseils d'administration du Cercle de la Presse et du Cercle de l'Escrime.

Le lendemain ou le surlendemain de cette tentative, M. Bertrand, dont le frère avait été arrêté et incarcéré au Dépôt pour affaire d'usure, rencontra, sans le chercher, le baron Hefler, qui lui, probablement, le cherchait, et qui lui proposa de faire cesser la campagne du *XIXᵉ Siècle*. Rendez-vous fut pris, et Bertrand et Portalis se rencontrèrent chez le susdit ami des deux, ami surtout de Portalis.

Le pacte fut conclu aux conditions suivantes : Portalis demandait cent mille francs pour arrêter les lettres du « Vieux Ponte. »

Mais Bertrand ne voulait pas payer pour tout le monde, puisque les autres refusaient Tout ce qu'il pouvait faire était de payer cinquante mille francs. Portalis exigea soixante-dix mille francs, somme dont il avait le besoin le plus absolu. Le fait était exact ; j'ai appris, en effet, que deux ou trois jours après le *XIXᵉ Siècle* aurait été déclaré en faillite à la requête d'un gros créancier décidé à culbuter MM. Portalis et Girard, pour se venger de leurs attaques. Les poursuites touchaient à leur fin.

Cependant, M. Bertrand ne voulut pas donner les 70.000 francs sans tenir la garantie que les attaques cesseraient contre lui et ses frères ; il paya en remettant à M. Portalis un chèque de soixante-dix mille francs, il eut la précaution de faire signer au directeur du *XIX° Siècle* des billets pour une valeur de trente mille francs, effets qui ne seraient réclamés que dans le cas où M. Portalis recommencerait ses articles contre la famille Bertrand.

De son côté, M. Bertrand promit à M. Portalis de faire des démarches auprès de M. Bloch, administrateur du Cercle de l'Escrime, pour lui demander le complément de la somme de cent mille francs exigée pour la cessation de la campagne du *XIX° Siècle*.

M. Bloch refusa catégoriquement de donner tout argent, le Comité du cercle et le Conseil d'administration lui en ayant donné l'ordre.

En ce qui concernait le Cercle de la Presse, M. Portalis avait aussi essayé une tentative d'extorsion, mais n'avait pas eu besoin d'intermédiaire, il avait opéré lui-même de la façon suivante :

Il avait fait téléphoner à M. René de Pont-Jest, l'un des membres du Comité, en le priant de se trouver dix minutes après sur le terre-plein devant l'Opéra, où M. Portalis viendrait le rejoindre.

Effectivement, dix minutes après, le temps de venir de son journal à l'Opéra, M.

Portalis rejoignait M. de Pont-Jest et lui tenait ce langage :

— Mon cher ami, je sais que mes articles contre le Cercle de la Presse vous ennuient. Nous sommes trop vieux camarades pour que je ne veuille pas vous être agréable. Eh bien ! je vais cesser la campagne. Allez donc voir Girard, et je sais que vous vous entendrez très facilement et très vite.

M. de Port-Jest connaissait Portalis et lui dit :

— De combien s'agit-il ?

— Oh ! répondit Portalis, peu de chose ! une vingtaine de mille francs ! Girard est un bon garçon, vous vous entendrez ; allez le voir.

Au Cercle de la Presse, on ne voulut rien donner

Alors, on constata ceci : la campagne cessa brusquement contre les frères Bertrand, et elle fut dirigée contre le Cercle de la Presse et M. Crémieux, et contre le Cercle de l'Escrime et M. Bloch. Des émissaires étaient envoyés presque tous les jours par Portalis auprès des deux, mais, ni M. Bloch, ni M. Crémieux ne voulurent consentir à payer.

C'est alors que De Clercq, qui, après sa libération anticipée (il avait été condamné pour chantage) avait retrouvé sa place au *XIXe Siècle*, fit chez M. Bloch une démarche de la part de ses deux patrons. Il essuya aussi un refus formel.

— Eh bien, dit-il à M. Bloch, puisque vous ne voulez pas « casquer » la forte somme pour Portalis et pour Girard, vous pouvez cependant m'en donner personnellement une petite.

En effet, M. Bloch, non pas pour empêcher la campagne, mais seulement pour avoir, le cas échéant, une intelligence dans la maison, remit cinq cents francs à M. De Clercq.

Ces cinq cents francs valurent plus tard à M. Bloch de recevoir de la main de De Clercq la preuve matérielle que les articles du « Vieux Ponte » étaient rédigés et écrits par M. Portalis lui-même.

Ce rédacteur du *XIXᵉ Siècle*, dont je parlerai plus loin dans une autre affaire, avait été précédemment condamné, pour avoir fait chanter MM. Sarda et Hémerdinger, à un an de prison. A sa sortie de la prison de la Santé, il avait repris sa place au *XIXᵉ Siècle*, et, de plus, il avait été attaché comme agent secret par M. Auger, officier de paix à la brigade des jeux, où son traitement était de 350 francs par mois.

La campagne traîna, elle languit. Les lettres du « Vieux Ponte » étaient plus espacées. Elle ne recommença avec quelque intérêt qu'au commencement du printemps dernier.

Aix et Vichy furent le point de mire de cette nouvelle reprise des attaques du *XIX° Siècle*.

Le directeur du Casino de la Villa des Fleurs d'Aix-les-Bains, qui avait été l'objet de tentatives de chantage, intenta un procès en diffamation au gérant du *XIX° Siècle* et il obtint contre lui une condamnation. Mais le « Vieux Ponte » ne s'arrêtait pas pour si peu, et il continua, durant toute la saison, à traîner dans la boue tous ceux qui étaient les amis du directeur de la Villa des Fleurs.

A Vichy, contre le Cercle International la campagne fut plus violente encore.

Le *XIX° Siècle* était expédié par ballots, et des camelots le distribuaient et le criaient dans les rues, sur les promenades, aux portes du casino et du cercle.

Le grec Hardisson dirigeait sur place cette vaste entreprise de chantage et de scandales; il surveillait lui-même les crieurs et il les encourageait à résister aux observations des agents de la police locale. Les choses en arrivèrent à ce point que le conseil municipal de Vichy fut obligé de protester contre l'inaction de l'autorité supérieure et signala ces agissements et ces scandales à ceux qui avaient mission et devoir de les réprimer.

Personne ne bougea.

Préfet, gouvernement, magistrat et police avaient peur du *XIXe Siècle* !

Chacun craignait d'être accusé le lendemain par ce journal d'avoir été payé par le casino ou par le cercle, pour sévir contre les fauteurs de tapage.

D'autre part, toutes les tentatives essayées pour obtenir de l'argent au cercle et au casino avaient échoué piteusement.

Les casinos de Trouville, Dieppe, Boulogne, etc., reçurent dans cette série d'articles du *XIXe Siècle* force horions. Tous furent maltraités. Quelques-uns cependant préférèrent la tranquillité et payèrent; il ne fut plus question d'eux ; d'autres aimèrent mieux résister. De ceux-là fut M. Bloch, directeur du casino de Dieppe, qui opposa une fin de non-recevoir absolue aux demandes d'entrevue qui lui étaient faites par voie indirecte, par le baron Héfler. Aussi les lettres du « Vieux Ponte » achevèrent par être uniquement dirigées contre lui. Il y répondit par une assignation en police correctionnelle au *XIXe Siècle*, devant le tribunal de Dieppe.

Le « Vieux Ponte » répliqua par une nouvelle bordée d'injures et d'éreintement contre le Cercle de l'Escrime, contre les fondateurs du cercle et contre le comité du cercle.

Il fallait en finir, et le meilleur moyen fut de déposer une plainte au Parquet pour tentative de chantage

La plainte porta, — malgré toutes les démarches de M. Portalis pour l'empêcher d'aboutir.

Je peux affirmer qu'il alla voir, dès qu'il eut des inquiétudes, un de ses anciens rédacteurs, M. Canivet, directeur du *Paris*, se disant ami de M. Dupuy, et qu'il le pria d'aller trouver le président du Conseil, afin d'arrêter la plainte, déclarant que si on ne le faisait pas, il dévoilerait à son tour les chantages de certains autres journaux, contre MM. Allez, les quincailliers de la rue St-Martin.

Deux jours après, un journal ayant annoncé la plainte portée contre lui, Portalis essaya immédiatement de détourner les chiens. Il sacrifia son rédacteur De Clercq, et il dénonça le chantage Allez.

Il y eut ce jour-là un joli potin dans le Landerneau de la Presse.

Certains personnages étaient dans leurs petits souliers ; ce qu'ils se sont tous remués pour se tirer d'affaire ! ce que c'était amusant de les voir courir pour étouffer tout ! Ce fut en pure perte.

D'abord, lorsque le premier journal eut raconté qu'une plainte en chantage était déposée au Parquet contre un directeur d'un journal du matin et contre un de ses rédacteurs, déjà précédemment condamné pour le même délit, on cita de suite deux journaux et deux noms, car le fait pouvait être exact dans les deux cas.

Ce jour-là, dans l'autre journal, — pas le *XIXᵉ Siècle*, il se passa même une bien bonne histoire, qui a procuré une douce gaieté à ceux dont la conscience était tranquille.

En lisant la note publiée le matin, le rédacteur qui se trouvait dans la même situation que De Clercq, quant à son casier judiciaire, crut qu'il s'agissait réellement de lui et de son directeur. Ce prétendu journaliste, ou plutôt ce courtier de publicité, nommé Picard, avait été condamné, en effet, à un an de prison pour avoir fait chanter un personnage, arrêté pour affaire de mœurs, dans un urinoir des Champs-Élysées.

Après tout, il n'était pas étonné lui-même, de la plainte qu'il supposait déposée contre lui, il se demandait seulement le motif — tant il en avait à se reprocher. Aussi, moitié furieux, moitié inquiet, il s'en alla tout droit dans le cabinet de son directeur:

— Je vais encore faire de la prison pour vous, lui dit-il en rentrant. Tenez, voilà ce qu'on dit ce matin.

Le directeur prit la note, la lut, et s'adressant à l'honnête courtier en publicité qui le prenait de si haut, il lui dit à son tour :

— C'est cela, vous avez encore commis une escroquerie, et c'est moi qui serai compromis !

Une discussion très vive s'engagea sur ce ton, et finalement le directeur mit à la porte de son bureau le rédacteur en lui disant :

— Vous êtes un polisson et une canaille, foutez-moi le camp ! Ne remettez jamais plus les pieds dans mon journal.

Il est probable que ce malandrin ferait partie de la rédaction de ce journal, si l'affaire Portalis-De Clercq n'avait pas éclaté.

Mais, revenons à M. Portalis et à M. Girard.

Lorsqu'ils apprirent que la plainte déposée par M. Bloch prenait une certaine consistance, le *XIXe Siècle* le prit de haut contre le plaignant, il déjeta sur lui une nouvelle hottée de diffamations, et pour faire diversion, il continua à publier des notes perfides et astucieuses dans lesquelles il réclamait de la justice, la lumière la plus complète sur l'affaire Allez. Dans la coulisse, il faisait agir pour se tirer d'embarras en sacrifiant son complice De Clercq. Celui-ci n'était pas disposé à se laisser jeter par dessus bord, il y eut même certain soir une scène très émouvante entre les deux complices. Portalis voulait obliger l'autre à s'enfuir ou à prendre seul la responsabilité de l'affaire. Il l'avait bien fait sortir une première fois de prison; il avait bien empêché alors un arrêté d'expulsion, il saurait donc le faire rentrer lorsque le tapage aurait été calmé. De Clercq ne l'entendit pas de cette oreille, et on put entendre ses exclamations qu'il accompagnait de coups de poing sur la table:

— Non, non, je ne veux pas aller en prison une seconde fois! Je leur en ai trop fait, à la préfecture de police, ils se vengeraient trop sur moi. Non! non! je ne veux pas, ou bien nous irons tous.

Pendant ce temps, le juge d'instruction, M. Doppfer, avait entendu le plaignant, ainsi que plusieurs témoins. Il avait convoqué ensuite M. Charles Bertrand, mais celui-ci n'avait pas répondu à la convocation du juge. Il était à Bruxelles. Portalis ne voulait pas qu'il déposât.

« Allez-vous en pendant une semaine lui avait-il fait dire, à votre retour tout sera étouffé. » Mais M. Bertrand était rentré de voyage, et au lieu de trouver tout arrangé, il avait reçu chez lui une nouvelle convocation du juge d'instruction pour le jour même. Il fallut y aller et dire la vérité. Il raconta tout, et il fut convenu avec le juge que le lendemain, à deux heures, il apporterait le chèque de 70,000 francs endossé et acquitté par M. Portalis.

En sortant du Palais de Justice, Hesler l'attendait pour connaître sa déposition; dès qu'il apprit le détail, il s'empressa de courir aviser Portalis. — A sept heures du soir, le directeur du *XIXe Siècle*, était chez M. Bertrand.

— Est-ce que vous avez tout dit ? lui demanda-t-il. — Oui, répondit l'autre, je n'ai pas pu m'empêcher de dire la vérité. Mon avocat et mon avoué me l'ont conseillé.

— Mais avez-vous donné la preuve ? interrogea Portalis.

— Pas encore, je dois la donner demain à deux heures.

Portalis sortit en disant : — « Je suis perdu! » A minuit il était à son journal, où il annonça qu'il partait le lendemain pour chasser à Gien.

Dans la matinée, il disparaissait, sachant d'avance que le juge d'instruction le ferait arrêter du moment où il aurait entre ses mains la preuve matérielle du chantage.

De Clercq fut arrêté le même soir. Quant à Girard il eut tout loisir pendant quelques jours d'aller dans les bureaux de rédactions des journaux demander le silence en faveur de Portalis, au nom de la confraternité de la

Presse ; il obligea aussi les députés rédacteurs politiques du *XIX° Siècle* à faire auprès du gouvernement des démarches personnelles pour sauver son complice; mais il était trop tard, tous les journaux avaient donné le matin les détails du scandale et ils racontaient le soir que les preuves matérielles du chantage étaient chez le juge d'instruction. — De son côté, De Clercq se croyant sacrifié tout seul une seconde fois pendant que les autres s'en tiraient, se résolut à manger le morceau, et il raconta à M. Doppfer plusieurs autres faits de chantage accomplis par l'association Portalis et Cie, dont il connaissait les détails, et dans lesquels il avait joué un rôle. — Il dévoila ainsi le chantage exercé contre M. Eugène Pereire et contre la Compagnie Transatlantique.

Voici les faits :

MM. Pereire ont une fabrique de papier et ils étaient depuis longtemps les fournisseurs du *XIX° Siècle*. Ils avaient donc avec MM. Portalis et Girard des relations commerciales à raison de cette situation, relations dont le résultat se chiffrait par un découvert de soixante-quatorze mille francs environ, aujourd'hui réduit à vingt mille.

De plus, la Compagnie Transatlantique avait avec ce journal des relations de publicité de même nature que celles que la Compagnie entretient avec quelques journaux.

Mais, naturellement, ces relations sont en rapport, comme résultat tangible, avec les services de publicité que ces journaux sont appelés à rendre à la Compagnie, c'est-à-dire qu'elles se traduisent par des sommes relativement minimes.

MM. Portalis et Girard, soit qu'ils eussent été pressentis par des ennemis de la grande Compagnie de Navigation, soit qu'ils eussent pensé que le prochain renouvellement du contrat de concession de la Compagnie Transatlantique fût une occasion propice pour se libérer de leur dette envers la papeterie Pereire, — voulurent en tirer parti à leur profit, encore qu'ils se trouvassent en présence d'un créancier leur donnant toutes les facilités possibles. A telle enseigne que M. Girard n'avait pas craint, la veille de son arrestation, de solliciter de M. Pereire la remise des vingt mille francs restant dus par le *XIXº Siècle* — ce qui, on l'avouera, est un comble.

Précisément, ils venaient de décider dans une réunion d'actionnaires du *XIXº Siècle* — réunion qui avait été annoncée presque clandestinement, et à laquelle assistaient, seuls, ou à peu près, les amis de M. Portalis — que la Société ferait une émission d'obligations.

M. Pereire devrait donc souscrire des obligations et donner quittance ou délai pour sa créance de papier, s'il ne voulait pas être attaqué, au moment où il sollicitait du gouvernement le renouvellement du contrat de la Compagnie Transatlantique.

En effet, quelques jours après, M. Girard, administrateur du *XIXᵉ Siècle*, se présentait chez le secrétaire de M. Péreire, et lui disait, avec l'assurance d'un homme auquel il est impossible de rien refuser, que le journal ayant décidé de faire une émission d'obligations, il avait réservé cent obligations pour M. Eugène Péreire, soit 45,000 francs de souscription à verser intégralement.

Deux ou trois jours après, il fut répondu, à M. Girard, que la Compagnie Transatlantique n'ayant pas l'habitude de faire des placements en titres de presse, M. Péreire regrettait de ne pouvoir prendre les actions mises en réserve pour lui.

M. Girard se fâcha tout rouge.

— Puisque vous refusez, déclara-t-il, j'ai des dossiers terribles contre la Compagnie ! Il y a là de quoi tout démolir... Je vais les publier dès demain, et je vous ferai tous sauter...

Ces menaces furent immédiatement suivies d'effet, et le *XIXᵉ Siècle* commença contre la Compagnie Transatlantique une campagne formidable de dénigrement dans une série d'articles fortement injurieux pour la personne de M. Pereire.

Celui-ci répondit en réclamant le paiement de sa dette de papier et poursuivit à boulet rouge le *XIX° Siècle*.

Cependant, la campagne ne donnait pas de résultats, et malgré ces attaques, la Compagnie résistait.

Il fallait donc l'obliger à capituler.

Dans ce but, M. Portalis s'entendit avec un groupe de financiers et d'armateurs qui avaient tout intérêt à démolir la Compagnie Transatlantique, afin de s'en rendre maîtres, et d'empêcher le renouvellement de son contrat pour lequel ils auraient ensuite toute facilité de soumissionner — s'il n'était pas signé à l'amiable.

Le gouvernement n'aurait pu, en effet, s'empêcher de faire une adjudication, si la Compagnie Transatlantique avait été forcée de liquider.

Sous l'inspiration de M. Portalis, un syndicat se forma donc. Et dans ce syndicat entrèrent, paraît-il, des armateurs très importants, membres des conseils d'administrations de plusieurs Compagnies maritimes de navigation de Marseille et du Havre, dont nous pourrions donner les noms. On cite, notamment, les noms de MM. M.... E..., T..., G... et C. S. P...

On ne devait plus se contenter des attaques quotidiennes des articles du *XIXᵉ Siècle* ; il s'agissait, pour leur donner une consécration, d'influencer les actionnaires et obligataires de la Compagnie en amenant une baisse sur toutes les actions et obligations.

Portalis était naturellement intéressé dans les opérations de ce syndicat, sans préjudice du bénéfice qu'il aurait retiré et qui lui était promis si les syndicataires aboutissaient à ruiner la Compagnie, à la culbuter, à s'emparer de son matériel et à la reconstituer.

Mais comme il vaut mieux tenir que courir, les directeurs du *XIXᵉ Siècle*, MM. Portalis et Girard, comptaient et espéraient que M. Pereire préférerait consentir à un arrangement immédiat.

De Clercq fut envoyé en ambassadeur chargé de proposer la fin des hostilités à la Compagnie Transatlantique.

Il fallait *deux cent mille francs*, sinon la campagne continuait dans le journal et allait commencer à la Bourse.

On congédia tout simplement le nommé De Clercq en refusant de verser un centime.

Sous prétexte de venir traiter la question de la créance du papier, M. Portalis vint alors voir M. Pereire ; mais celui ci ne voulut rien entendre et se refusa à toute transaction.

Le syndicat, pendant ce temps, vendait à tour de bras, et à découvert, à la Bourse, les actions et obligations de la Compagnie Transatlantique. Les actions baissèrent de 200 francs. Les obligations baissèrent également, mais d'une façon moins sensible.

C'était plus qu'il n'en fallait pour jeter la panique parmi les porteurs de la Compagnie, et c'était bien là ce que recherchait le syndicat, afin de pouvoir se racheter des ventes opérées à découvert. D'ailleurs M. Portalis ne fut pas le seul directeur de journal à s'engager dans cette campagne de presse. M. Pereire, s'il voulait parler, pourrait citer les noms de divers autres personnages, qui, à cette occasion, ont tenté aussi de le faire chanter.

Pour accentuer la panique, M. Portalis acheta deux actions de la Compagnie au nom du caissier du *XIX° Siècle*, M. Rousseau, et celui-ci intenta aussitôt un procès en dissolution de Société et demanda la nomination d'un administrateur judiciaire.

Naturellement, la demande était basée sur les faits racontés dans les articles du *XIX° Siècle* — articles écrits par un employé de la Compagnie, dont nous pourrions citer le nom, et qui, à la suite d'une indemnité de traitement, spontanément offerte par la Compagnie, soit quinze mille francs, avait écrit à M. Pereire une lettre émue de remerciements.

L'assignation fut publiée dans le journal. On obligea la Compagnie à livrer les noms de tous les actionnaires et à chacun on expédia les numéros contenant les attaques contre la Compagnie.

Le procès fut plaidé et si M. Rousseau n'obtint pas la dissolution de la Compagnie, le jugement lui octroya condamnation à vingt mille francs de dommages et intérêts, à raison de ses manœuvres déloyales.

Lorsqu'il fallu les payer, MM. Portalis et Girard firent la sourde oreille, et M. Rousseau n'eut d'autre ressource que d'aller trouver M. Pereire et de lui donner les preuves qu'il n'avait été que l'instrument des directeurs du *XIXᵉ Siècle*.

Dès qu'ils furent convaincus que M. Pereire avait contre eux la preuve de leur culpabilité, MM. Portalis et Girard cessèrent leurs articles de crainte d'une dénonciation au parquet.

Le résultat de cette campagne avait été néanmoins néfaste pour les actionnaires de la Compagnie.

Les actions ayant baissé de 200 francs, c'était une perte nette de seize millions. — Les obligations perdaient tout autant quoique les obligations n'aient fléchi que de 50 francs, mais il y en a davantage.

Il est pénible de constater que sans la plainte portée contre Portalis pour une autre affaire, le chantage ignoble exécuté contre M. Pereire et la Compagnie Transatlantique, fût resté impuni.

Pourquoi ?

Parce que le Parquet ne recherche jamais et ne poursuit jamais d'office le chantage. Il attend que la victime soit complètement dépouillée pour agir. N'est-ce pas encourager les maîtres-chanteurs, qui, se croyant assurés de l'impunité, recommencent le lendemain ce qu'ils ont fait la veille ? Cependant, dans le cas de la Compagnie Transatlantique, il n'y avait pas en jeu que l'intérêt particulier; il ne s'agissait pas d'une simple diffamation envers un citoyen ! Il y avait des agissements coupables et prohibés dont les résultats avaient influé sur les cours de la Bourse. Le gouvernement ne pouvait l'ignorer puisqu'il a installé dans le palais de la Bourse un commissaire de police spécialement chargé de le renseigner sur ce qui se passe dans le domicile de la spéculation.

Pourquoi n'a-t-il pas arrêté la campagne du *XIXe Siècle ?*

Pourquoi n'est-il pas intervenu ?

Il n'y a pas de doute à avoir : si M. Pereire

avait été appelé et interrogé à ce moment, il aurait dit ce qu'il a avoué plus tard; il n'aurait pas hésité à déclarer que M. Portalis avait tenté de le faire chanter, et que pour se venger de son insuccès, le directeur du *XIXe Siècle* avait organisé à la Bourse la campagne de baisse qui contribuait à dépouiller les actionnaires.

Il a suffi d'ailleurs à M. Doppfer d'entendre M. Pereire pour signer, sans tarder, un mandat d'arrêt contre M. Girard. Et celui-ci n'a pas été arrêté, comme on l'a raconté, devant le café Riche mais bien à la porte de la Banque Rothschild.

Qu'allait-il encore faire dans cette maison ?
Voulait-il tenter un nouveau chantage ?
Après tout, il en avait exécuté tellement !
Il paraît, en effet, qu'on est plus large chez M. Rothschild et chez M. Hirsch que chez M. Pereire, et Girard l'ignorait moins qu'un autre, puisque n'ayant pu réaliser, auprès du président de la Compagnie Transatlantique, la souscription des mille obligations du *XIXe Siècle*, il avait été plus heureux chez les deux autres financiers israélites.

Cette souscription d'obligations avait été une pure escroquerie, un ingénieux moyen d'obtenir de l'argent par un procédé nouveau.

Qu'était à ce moment la Société du *XIXe*

— 216 —

Siècle qui avait été créé avec un capital de 200,000 francs?

Ce capital avait monté à plus d'un million.

Voici comment :

Tous les ans, le capital croissait, et il est inutile d'ajouter qu'il n'y avait jamais eu un sou de dividende. Girard établissait les comptes, comme il l'entendait, et à chaque inventaire il accusait une perte nette de cent ou deux cent mille francs. Pour cela, il portait en compte toutes les dépenses, et il n'accusait qu'une faible partie des recettes. Grâce à ce système, le passif augmentait sans cesse, et, pour le former, on inventait même des dettes fictives.

Lorsqu'un actionnaire naïf disait qu'il valait mieux liquider, Portalis s'écriait qu'il avait toujours l'espoir que le journal reprendrait un nouvel essor, et que d'ailleurs, plus un journal avait de dettes, plus il avait de valeur. Liquider, au contraire, c'était tout compromettre. M. Portalis expliquait qu'il était préférable d'augmenter le capital et il se portait fort de payer les dettes avec les actions nouvellement créées. Puis l'augmentation du capital étant votée, il mettait les actions dans sa poche, et lorsqu'il arrivait à en placer, l'argent était pour lui. Quant au journal, il pouvait vivre, et on s'arrangeait toujours en conséquence. Aussi MM. Portalis et Girard sont-ils, par ce système, propriétaires de la plus grande partie des actions du *XIX° Siècle*.

Lorsque le placement des actions devint difficile, les deux directeurs, Portalis et Girard, proposèrent de créer des obligations, sous prétexte de mettre le journal dans ses meubles et d'acheter un hôtel avec une imprimerie. A cet effet, ils convoquèrent une réunion d'actionnaires, et selon leur habitude, firent la publication de l'avis obligatoire de cette assemblée dans un organe d'annonces absolument inconnu au public, mais très apprécié par les agents d'affaires louches qui le font vivre de leurs communications.

Le nombre des actionnaires présents fut donc aussi minime que possible. Ils votèrent l'émission des obligations, et le plus curieux est que MM. Portalis et Girard réussirent à en placer quelques-unes à des curés et à des instituteurs de province, lecteurs ou abonnés du journal, qui étaient persuadés de faire un placement de tout repos. A ces gens-là, on a toujours payé régulièrement les intérêts pour éviter leurs réclamations.

On n'a certainement pas fait le même paiement aux financiers qui, le couteau sur la gorge, ont été contraints de souscrire les mille obligations pour leur être agréables.

En se décidant enfin à mettre un terme aux déprédations, aux chantages de ces deux compères, la justice a fait œuvre utile et salutaire.

Pour si actifs, pour si rapaces qu'ils fussent, MM. Portalis et Girard ne pouvaient cependant accomplir sans auxiliaires tous ces exploits de haute filouterie. Autour d'eux grouillait tout un monde interlope de repris de justice, d'agents d'affaires véreux, de courtiers marrons, de chevaliers d'industrie et d'hommes du monde tarés. Les renseignements du « Vieux Ponte » ont été fournis successivement par un grec chassé de tous les cercles; par un publiciste financier expulsé de toutes les tables de jeu parce qu'il y pratiquait la poussette; par le commissaire des jeux d'un cercle actuellement encore en fonctions, et qui fut imposé par M. Auger, l'officier de paix de la brigade des jeux, dont il était l'agent; par De Clercq; par un agent d'affaires interlope, passé expert dans l'art de faire chanter les gens; par un repris de justice, condamné à huit mois de prison pour chantage, à Boulogne-sur-Mer; et enfin par le baron Hefler.

Le rôle de celui-ci était principalement de préparer le terrain pour la mise à exécution du chantage.

Lorsqu'il rencontra fortuitement M. Charles Bertrand et le mit en rapport avec M. Portalis, ce n'était point par hasard qu'il l'avait rencontré.

Il y avait plusieurs jours qu'il l'attendait, qu'il le guettait à la porte du Cercle Franco-Américain, le relançant, lui courant après chaque fois qu'il l'apercevait. Enhardi par le succès, il se tourna vers un autre côté et tenta une demande pour arriver jusqu'à M. Bouland, le caissier du Cercle de la Presse, dont il voulait obtenir 50,000 francs. Plus tard, en été, il reçut de Portalis la mission d'aplanir les résistances du Cercle International de Vichy. C'est encore lui qui, au mois d'août dernier, essaya le chantage sur le grand Cercle d'Aix-les-Bains. Là, éconduit et jeté à la porte, il partit en criant bien fort qu'il allait faire paraître des articles contre ce casino dans le *XIXᵉ Siècle*, et il tint parole.

En lui mettant la main au collet, le commissaire Clément a arrêté un des plus consommés maîtres-chanteurs du boulevard.

Voilà la bande qui faisait tous les jours appel aux sentiments de vertu et d'honnêteté pour faire chanter les financiers, les directeurs de casinos et même les simples particuliers.

Dans le monde de la presse, personne n'ignorait tous ces faits. Dans le gouvernement, tout le monde les connaissait; le public seul les ignorait, et aujourd'hui il a le droit de s'étonner de l'impunité qui a si longtemps couvert et protégé une pareille caverne de voleurs.

CHAPITRE XVII

Les 300,000 francs du Panama et M. Floquet. — Le passé de M. Canivet. — Le rédacteur de la *Commune*, du *Citoyen* et de la *Vérité*. — Le sous-exécuteur de Portalis au *XIX° Siècle*. — Le secrétaire de la Commission des Chemins de fer. — Canivet. — Jacques Meyer et la campagne de baisse contre la Banque de France. — Le syndicat Joubert. — L'agent du Crédit Foncier. — L'homme indispensable de M. Floquet. — L'intermédiaire entre M. Christophle, le Ministre de l'Intérieur et les Journaux. — Canivet de Saint-Lazare. — La polémique avec Rochefort. — M. Victor Simond, directeur du *Radical*. — Les irréductibles de l'emprunt de la Ville de Paris. — 227,800 francs de publicité pour Panama. — L'éclairage au gaz et à l'électricité Popp. — Un sportman. — Le propriétaire d'Acoli. — Le *Radical-Sport*. — Le coup de 300,000 francs. — Arton dupé. — L'entrevue avec M. Floquet. — La répartition. — A qui le solde ? — La transformation du journal *Paris*. — MM. Edmond et Arthur Veil-Picard. — La polémique Wilson. — L'engagement de 20,000 francs pour être décoré. — L'intervention cachée de M. Christophle. — La vente du journal *Paris*. — La décoration de M. Arthur Veil-Picard. — La campagne contre l'absinthe Pernod. — L'achat par MM. Veil-Picard de la marque Pernod.

Dans un livre tel que celui-ci la place est toute marquée pour raconter la version vraie des fameux *trois cent mille francs*, versés par Arton pour le compte de la Société de Panama à certains journalistes, sur la prétendue réquisition de M. Floquet, ministre de l'Intérieur.

Je connais les détails les plus exacts de cette histoire; je les tiens de la source la plus certaine; et j'éprouve d'autant plus de satisfaction à les rapporter que ceux qui ont joué un rôle dans l'incident méritent d'être présentés au public sous leur aspect véritable, et avec leurs mérites réels.

Les deux acteurs furent M. Raoul Canivet, et M. Victor Simond.

Quelques mots sur chacun :

Le premier a débuté dans la presse, étant rédacteur au journal la *Commune*, puis il a été au journal *le Citoyen* le collaborateur et l'ami du directeur Achille Secondigné dont il possédait la confiance — confiance bien mal placée... mais je ne veux pas entrer dans les particularités de la vie privée. Ensuite il entra à la *Vérité* de M. Portalis, et auprès de celui-ci il eut bientôt une influence prépondérante. Malheureusement les journaux de M. Portalis n'ont jamais couvert d'or leurs rédacteurs, et à cela il faut peut-être attribuer que Canivet aurait été sur le point, un moment, de se laisser embaucher dans la police politique de M. Constans pour servir les intérêts opportunistes de ce ministre.

Ce fait résulte d'une lettre publiée par le *Cri du Peuple*, le 8 mai 1888, lettre adressée par un journaliste assez connu au chef de la police secrète du ministre de l'Intérieur et ainsi conçue :

« Vous pouvez vous mettre en relations avec R.. C..., 12, rue V... Allez-y franchement : « les voies sont aplanies ».

Les voies étaient aplanies d'un côté, mais on ne jugea pas le sujet assez important pour être acheté : on le dédaigna.

Peu de temps après, il fut assez heureux pour rencontrer dans la Salle de la Paix, au Palais-Bourbon, un conseiller municipal de Paris, M. Lefèbvre-Roncier, qui le recommanda à M. Rouvier, et à M. Germain Casse, et ceux-ci le firent nommer secrétaire-rédacteur de la commission parlementaire des chemins de fer.

Doué d'une puissance d'intrigue merveilleuse, il ne tarda pas, dans cette situation semi-officielle, à se créer des relations parmi ceux qui avaient une influence gouvernementale. Il approcha, pour la combinaison des Bons à lots de la Presse, M. Christophle, et bientôt, il sut devenir son homme de confiance pour l'élaboration d'un projet de Métropolitain dont s'occupait le directeur du Crédit Foncier. Lorsque je dis élaboration, je m'entends, je ne veux pas parler du travail technique, mais des préparatifs occultes que nécessitait une aussi considérable entreprise.

De ce jour, lui qui avait été auparavant simple, avenant et modeste, il fut arrogant, fier, présomptueux. Il portait beau, la tête levée vers le ciel, le chapeau fièrement campé et lustré, la canne résonnante, et la démarche assurée de l'homme satisfait. Il saluait déjà d'un air protecteur, de temps en temps il daignait s'arrêter pour serrer une main qu'on lui tendait; lorsqu'il rencontrait un ministre dans un groupe, il le poussait dans une embrasure de fenêtre, car un personnage tel que lui ne pouvait converser publiquement avec un membre du gouvernement. Il avait des choses trop sérieuses à lui confier !

Les journalistes parlementaires le considéraient comme un homme important, et avec qui il fallait compter puisqu'il était le représentant officieux et l'ami du veau d'or de la rue des Capucines. Tous les prébendiers de la place Beauvau couraient au-devant de lui, dès qu'il franchissait le seuil du palais, et avant qu'il entrât dans les couloirs, on l'entourait ; on lui prenait la main; on buvait les paroles qu'il laissait tomber de sa bouche en relevant la tête majestueusement et avec accompagnement de gestes pompeux et larges.

A cette époque, il était encore chargé du service des informations parlementaires pour le journal le *Mot d'Ordre* et pour le *XIX° Siècle*, — de celui-ci depuis la direction Portalis.

Mais, trop grand seigneur pour condescendre à recueillir lui-même les nouvelles, ou même pour les rédiger, il avait un secrétaire, chargé de ce travail terre-à-terre. Lui se réservait pour les grandes circonstances, les crises ministérielles ou les affaires ayant quelques rapports avec la finance dans lesquelles il pouvait écumer un chèque conséquent.

Lorsque le banquier Jacques Meyer monta le coup qui avait pour but de provoquer la baisse des actions de la Banque de France, le bruit courut, dans le monde de la presse, que Canivet était de l'affaire. On se souvient que cette campagne de baisse menée à la Bourse, eut un épisode à la Chambre, par l'intervention de M. Thévenet, de même qu'elle avait aussi ses appuis dans la presse. M. Canivet pourrait-il affirmer qu'il ne fut rien dans l'aventure ? En tous cas la rumeur était telle, et il est bien certain que Meyer et Canivet étaient souvent ensemble à ce moment. Un autre fait semblerait le confirmer. On a vu par la reproduction de lettres de M. Jacques Meyer, que celui-ci fut chargé par M. Secrétan d'arrêter la campagne d'attaques entreprise par M. Portalis contre la Société des Métaux. Or, après la chute du Comptoir d'Escompte, au moment des poursuites judiciaires exercées par le Parquet contre les anciens administrateurs de la Société des Métaux, il se forma un pseudo-syndicat, à peu près identique à à celui que plus tard voulut former Trocart, et la personne chargée de distribuer l'argent aux journaux fut, dit-on, M. Canivet.

Un financier très riche, très connu, craignait beaucoup d'être englobé — et il le fut — dans les poursuites. Il avait peur d'encourir des pénalités au moins égales à celles qui atteignirent M. Secrétan, et des gens habiles, mais surtout intéressés, lui firent comprendre que le meilleur moyen de se concilier les juges était d'abord de s'assurer la sympathie et et le silence de la presse. Le banquier écouta ce conseil et de l'argent, beaucoup d'argent fut généreusement prodigué à des journaux syndiqués ou groupés. Les traces de ces versements pourraient en être retrouvées dans une Société financière dont le siège social n'est pas éloigné de l'avenue de l'Opéra.

M. Canivet affirmerait-il qu'il n'a pas connu cet homme ?

Oserait-il déclarer qu'il n'a pas été l'intermédiaire de M. Joubert auprès de certains journaux, pour négocier avec eux le prix du silence ou d'une bonne presse?

Aussi M. Canivet pouvait-il se permettre de faire la nuit, au jeu, des différences de cinquante mille francs et de s'étaler le jour dans une magnifique victoria de grande remise.

De même qu'il s'était fait une place par son talent d'intrigue auprès de M. Christophle qui représentait la force de l'argent, de même, il avait su se tailler un rôle politique dans l'entourage de M. Floquet, président de la Chambre, et futur président du Conseil des ministres.

Nul mieux que lui ne flattait les ambitions visibles et les secrets désirs de M. Floquet; de plus il avait persuadé à ce dernier que lui seul était capable de détourner de la tête d'un homme politique les attaques de la presse et qu'il lui était possible de rendre la presse sympathique à quelqu'un. Dans tous les journaux, il avait des relations; partout il avait des amis disposés à l'écouter et à le suivre. N'était-il pas l'ami du gouverneur du Crédit Foncier? Or, le Crédit Foncier a une fonction de la plus grande importance dans ses relations avec le ministère de l'Intérieur. Lorsle ministre ne peut pas donner de l'argent à un journal, il fait donner cet argent par la caisse du Crédit Foncier. Tout le monde sait cela. Et je sais, moi, que sous le ministère de M. Floquet, certains journalistes ministériels touchaient leurs appointements par un chèque payable au Crédit Foncier.

Était-ce M. Floquet qui avait négocié cela? Je peux affirmer, sans être démenti, que personnellement il n'est pas homme à avoir rien demandé de semblable au Crédit Foncier. J'ai connu M. Floquet; je sais quelle est sa timidité, quel est son dégoût, quelle est son aversion pour toutes ces affaires louches, pour tous ces marchandages équivoques qui grouillent continuellement autour du cabinet d'un ministre de l'Intérieur. Dans toutes ces affaires, M. Floquet n'était pas homme à y être mêlé. D'autres ministres ont pu le faire activement avant et après lui; lui ne l'a point fait; tout au plus, a-t-il pu considérer ces pratiques d'un regard passif et laisser agir un autre à son lieu et place. Son caractère ne se prêtait pas à ces maquignonnages, non pas qu'il en ignorât l'existence, mais parce qu'on lui avait fait comprendre que c'était chose nécessaire et impossible à éviter. Et d'ailleurs pouvait-il agir autrement en présence d'adversaires politiques qui dépensaient l'argent à pleines mains? Les douze cent mille francs de fonds secrets ne pouvaient suffire à une telle orgie de gaspillage et de corruption!

Il fallait donc à M. Floquet un homme

pour ces négociations délicates, et cet homme fut M. Canivet. M. Floquet doit bien le regretter maintenant !

Si M. Canivet avait été dans ce rôle un fonctionnaire officiel, j'estime qu'on ne pourrait rien lui reprocher. Mais il ne fut qu'un simple agent officieux, sous l'apparence d'un ami du ministre. Fonctionnaire, il aurait eu le devoir d'apporter toujours dans ses rapports d'intermédiaire une correction et une droiture seules capable de ne pas laisser compromettre dans une aventure, le caractère et l'honnêteté de celui pour le compte de qui il agissait. Simple officieux, il se croyait sans doute le droit d'en retirer profit personnel ; de considérer ces négociations comme des affaires de publicité, et au besoin d'en avoir une commission. Cette tendance, on pourrait dire cette pratique, fut cause de l'incident des trois cent mille francs du Panama.

Le portrait ne serait pas complet, si je n'ajoutais pas que Rochefort et l'*Intransigeant* ne prononcent jamais le nom de M. Canivet sans y ajouter le qualificatif de « chevalier de St-Lazare ».

Je laisse à l'*Intransigeant* du mois de septembre 1890, le soin d'expliquer cette appellation.

13.

Extrait du journal l'*Intransigeant* :

A CANIVET DE SAINT-LAZARE

Nous nous contenterons aujourd'hui de poser au Canivet de simples questions.

N'a-t-il pas été interne, nommé par le préfet de police, à la prison de la Santé ?

N'a-t-il pas été congédié de ce poste en 1874 ?

N'est-il pas entré, peu après, grâce à la haute protection du maréchal de Mac-Mahon, comme interne à Saint-Lazare ? N'avait-il pas alors pour collègues d'internat MM. F... et G..., aujourd'hui docteurs ?

N'a-t-il pas demandé un congé, pour cause de maladie, le 11 décembre 1875 ?

N'a-t-il pas enfin quitté définitivement l'hôpital — cause inconnue — le 31 décembre de la même année ?

Il existait alors à Saint-Lazare une caisse dite de la bibliothèque destinée à acheter des livres à l'usage des internes, au moyen de cotisations mensuelles.

Lorsque le Canivet auquel nous faisons allusion eut abandonné Saint-Lazare, après avoir reçu des secours de ses collègues et de docteurs de l'hôpital, auxquels il annonçait, pour les apitoyer, son départ pour l'étranger, ne s'aperçut-on pas que ladite caisse avait disparu ?

Canivet, retrouvé quelque mois plus tard, ne fut-il pas directement accusé de l'avoir emportée et ne fut-il pas contraint de restituer la somme qui avait été détournée ?

L'affaire fut étouffée ; il n'en aurait peut-être plus été question, si récemment proposition n'avait été faite de former une société amicale des anciens médecins et internes de Saint-Lazare.

Nous pouvons affirmer que cette proposition n'aboutit pas, parce que d'honnêtes gens ne se soucièrent pas d'avoir pour collègue un Canivet, bien qu'on leur vantât sa haute influence.

Le Canivet de Saint-Lazare est-il le même que le rastaquouère homme d'affaires, propriétaire du *Paris* et agent de Constans ?

A la suite de cet article, il y eut un envoi de témoins par M. Canivet à M. Rochefort. Mais celui-ci refusa toute réparation par la lettre suivante adressée à MM. Ranc et Humbert.

Ostende, 16 septembre

Messieurs,

Mon droit absolu est de rappeler publiquement une accusation portée publiquement dans les réunions publiques, contre M. Canivet. J'ajoute qu'à la suite de la publication de la brochure de M. d'Alavène où M. Canivet était cité comme appartenant à la police secrète du ministère de l'intérieur, un journaliste, que je puis nommer, est venu me proposer de raconter dans l'*Intransigeant* l'affaire du vol à la caisse des internes de Saint-Lazare.

M. Canivet connaissait ces bruits fâcheux, puisqu'il s'est précautionné de documents destinés à les démentir. Pourquoi ne s'est-il pas adressé à ceux qui les ont fait courir ?

S'il s'imagine qu'une rencontre avec moi les ferait tomber, je n'ai aucun motif pour lui tendre cette perche. Quand on insulte les proscrits, comme il le fait quotidiennement, on ne cherche pas à se faire réhabiliter par eux.

Je ne me battrai pas avec M. Canivet.

Agréez mes salutations.

HENRI ROCHEFORT

M. Canivet répliqua qu'il était inexact que pareille accusation eût été portée contre lui, et l'*Intransigeant* répondit par un extrait de la *Gazette des Tribunaux* du 11 juin 1882, attestant qu'à cette date M. Canivet avait fait condamner par la dixième Chambre correctionnelle un sieur Blanpain, qui, dans une réunion publique, aurait lu une pièce diffamatoire à son encontre.

Pour être impartial et complet, je dirai que M. Canivet publia les deux lettres suivantes, qui à ses yeux, justifiaient sa sortie de l'internat de St-Lazare :

Marray (Indre-et-Loire), 16 septembre 1890

Mon cher Canivet

L'accusation qu'on porte contre vous me paraît bien singulière, car depuis 23 ans que je suis médecin de Saint-Lazare, je n'ai jamais entendu parler de la caisse des internes.

Pendant les deux ans que vous êtes resté

dans mon service, je n'ai eu qu'à me louer du zèle, de la loyauté et de l'intelligence dont vous avez fait preuve ; aussi, en quittant Saint-Lazare pour des motifs étrangers à votre profession, vous n'avez laissé que des regrets et d'excellents souvenirs.

Laissez donc passer les calomnies, et soyez convaincu qu'elles ne pourront porter atteinte à votre honneur.

Recevez, mon cher ami, l'assurance de mes sentiments bien affectueux.

Docteur BOUREAU

L'attestation suivante est signée du médecin-adjoint, qui fut son collègue d'internat :

Je certifie que M. Canivet a été mon collègue d'internat à Saint-Lazare et que, pendant tout son séjour dans la maison, j'ai été à même de constater l'estime et l'affection que tout le corps médical n'a cessé de lui témoigner.

J'ajoute qu'étant resté après son départ volontaire, j'ai pu me rendre compte également des regrets qu'il a laissés.

Dr P. GUILLAUMET
Médecin-adjoint de Saint-Lazare.

Rochefort estima que ces deux lettres étaient des certificats de complaisance, de la nature de ceux que les docteurs sont habitués à donner à leurs clients pour les tirer d'un embarras, et il persista dans son refus de se rencontrer avec un homme qu'il considérait comme disqualifié.

La conséquence fut une scène de pugilat dans les salons du Kursaal d'Ostende entre les deux adversaires — chacun s'attribuant l'avantage des coups donnés à l'autre.

Au cours de cette polémique, c'est-à-dire bien longtemps avant que l'affaire de Panama fût connue et dévoilée, l'*Intransigeant* publia la note suivante :

Extrait de l'*Intransigeant* du 20 mars 1890 :

CURIEUSE HISTOIRE

On nous raconte une histoire des plus curieuses, dont on nous garantit l'authenticité.

Au moment de la liquidation du Panama, le bruit se répandit dans les couloirs de la Chambre que la direction de l'entreprise avait fait distribuer aux journalistes parlementaires parisiens une somme de 100,000 francs, lors de la discussion du projet de loi concernant l'émission des 600 millions de valeurs à lot. Cet argent avait été versé, disait-on, au moyen d'un carnet de chèques en blanc, par le secrétaire général, à un intermédiaire dont on citait couramment le nom.

Aussitôt, grand émoi parmi les journalistes du Palais-Bourbon. Ne sachant ce que tout cela veut dire, ils mandent celui qu'on désigne comme ayant servi d'intermédiaire ; ils veulent l'interroger, obtenir de lui des explications complètes. Pendant deux jours, l'autre tente de se dérober à leurs pressantes questions. Enfin, acculé, mis au pied du mur par un courriériste parlementaire qui n'est pas de nos amis politiques, mais dont tout le monde reconnaît la loyauté et la droiture, l'individu dont nous parlons paie d'audace : il confesse, en présence de plusieurs de nos confrères, avoir effectivement touché l'argent du Panama, mais il refuse toute explication sur la façon dont il l'a réparti, ajoutant qu'il n'a de compte à rendre à personne.

Une enquête a lieu. Avec beaucoup de peine, on parvient alors à trouver cinq ou six amis personnels de l' « intermédiaire », qui reconnaissent avoir touché des sommes variant de 500 à 1,000 francs. Quant au reste des cent mille francs, on ne sait pas encore aujourd'hui ce qu'il est devenu.

Telle est l'histoire qu'on nous rapporte. Nous serions curieux de savoir — en admettant qu'elle soit exacte, comme on nous l'affirme — le nom du rastaquouère qu'elle concerne.

Au besoin, nous demanderions ce nom à M. Monchicourt, liquidateur du Panama, et nous aimons à croire qu'il n'hésiterait pas à satisfaire notre légitime curiosité.

Lorsque le rapport de l'expert Flory, chargé par le parquet général de la Cour de Paris de vérifier les comptes de la Société de Panama, fut communiqué à la commission d'enquête, on put constater que l'histoire curieuse racontée deux ans avant par l'*Intransigeant* était exacte. Il existait seulement une légère erreur de chiffres. M. Canivet avait touché 75,000 francs et non 100,000 francs et il avait tout gardé pour lui.

Le deuxième acteur dans l'affaire des 300,000 francs a été M. Victor Simond, directeur du *Radical*.

M. Simond n'est pas un journaliste. Il est entré dans la presse par la porte de la publicité. Il vend de la politique comme d'autres vendent de la cassonade et du savon. Son journal est une affaire qui doit rapporter, et pour qu'elle donne tout ce qu'il est possible de lui faire suer, son propriétaire a plusieurs cordes à son arc. C'est pour cela qu'il a bien soin de se ménager des influences prépondérantes à l'Hôtel de Ville, de même que dans le gouvernement. Si l'une fait défaut, l'autre peut toujours permettre un petit tripotage fructueux. Lorsque la ville de Paris fait un emprunt, soyez persuadé que le directeur du *Radical* est des mieux partagés dans la répartition des irréductibles, et si le Panama fait une émission d'obligations à lots, il pousse le rédacteur en chef de son journal à se faire élire membre de la commission parlementaire, puis, si possible, président ou rapporteur. Il se chargera ensuite d'exiger le prix de cette situation. Ce prix sera de 150,000 fr., personnellement (voir le rapport de M. Flory) pour lui et pour son frère l'administrateur de son journal — sans compter la somme de 77,800 francs pour la Société du journal.

S'il s'agit de faire une campagne de chantage, il n'est jamais le dernier à emboîter le pas derrière celui qui a pris les devants, comme dans l'affaire Portalis and C°; et par celui qui s'est constitué le porte-parole du syndicat formé à cette occasion, il fait déclarer, sans périphrase, qu'il lui faut une subvention de 18,000 francs par an, dont moitié payée d'avance, sinon il fera interpeller à la Chambre par son rédacteur en chef.

Lorsqu'il ose marcher seul en tête d'une campagne, sans être remorqué, il est fixé sur les moyens qu'il emploiera pour se faire éclairer. Peu lui importe que l'éclairage soit fait au Gaz ou par la Compagnie d'électricité de M. Popp.

Mais il n'est pas que directeur de journal, il est en même temps un sportman accompli. Il paraît même qu'il fait courir! Et on raconte que son cheval Acoli n'a jamais gagné lorsqu'il a été favori, tandis que, lorsqu'il était à huit contre un ou à dix contre un, il arrivait bon premier. Quand le cheval a été fatigué de courir, Simond a trouvé moyen de le vendre 30,000 fr. à l'Etat!

A cette vocation de gentleman-propriétaire d'une écurie de courses, doit être rattachée, sans nul doute, l'exploitation plus ou moins délicate entreprise par le journal *le Radical* pour la vente des tuyaux de courses. Sous la dénomination de *Radical-Sport*, on vendait aux lecteurs et abonnés du *Radical*, moyennant 20 francs, une liste des chevaux qui devaient gagner les courses de la journée, et trois gagnants étaient garantis. Hélas! après les courses, il y avait des désillusions, et, comme conséquence, il y eut des gens qui crièrent : « Au voleur! » Le parquet intervint et supprima tout ce petit commerce.

Voilà donc quels étaient les deux compères qui manigancèrent le coup des 300,000 francs dont M. Floquet a été la victime inconsciente.

M. Canivet était parfaitement au courant du rôle joué par Arton, dans les couloirs du Palais-Bourbon, au moment du vote de la loi sur l'émission du Panama. Il ne pouvait l'ignorer, puisqu'il avait reçu à cette occasion un chèque de soixante quinze mille francs; cette somme n'ayant pas suffi à ses besoins, on ne peut s'étonner qu'il ait provoqué une nouvelle occasion d'obtenir davantage. Précisément, Arton venait de servir d'intermédiaire à la Société du Panama pour donner des sommes importantes aux boulangistes, à la *Presse* et à la *Co-*

carde et à un journal réactionnaire dévoué à la politique boulangiste.

M. Canivet, peu reconnaissant envers Arton, mais ayant, il est vrai, un plan à réussir, raconta la chose à M. Floquet, se plaignant amèrement de ce que l'argent était prodigué aux organes boulangistes, tandis que les journaux ministériels étaient mis de côté. Au besoin, il est capable d'avoir exagéré les sommes remises par Arton aux journaux du général Boulanger. Mais la révélation eut l'effet qu'il en attendait, et il ne faudrait pas connaître M. Floquet pour en garder le moindre doute.

— C'est un conspirateur ! dit celui-ci avec la voix solennelle dont il est coutumier. Si le fait est vrai, il faut lui mettre la main au collet, et le livrer à la justice. Je vais m'en informer. — Et il continua sur le même ton et avec les mêmes menaces pendant un moment.

Le coup était préparé, il ne restait plus qu'à l'exécuter.

M. Canivet alla vite trouver M. Simond, qui probablement attendait la réponse, et lui raconta la scène qui s'était passée entre M. Floquet et lui, relativement à Arton. Après s'être concertés, les deux gaillards, qui savaient où trouver Arton, s'abouchèrent avec lui et lui rapportèrent, sans craindre d'y ajouter, les propos et les menaces proférés par le président du Conseil :

— Vous êtes dans une fâcheuse situation lui dirent-ils ; le président est furieux ; il vous considère comme un conspirateur, et il veut vous faire arrêter.

— Pourquoi ? demanda Arton.

— Parce que vous distribuez de l'argent du Panama aux journaux boulangistes, répondit M. Canivet.

— Mais je suis un homme d'affaires, répliqua Arton. Je me fiche autant des journaux boulangistes que des journaux ministériels ; si on me chargeait de distribuer des millions aux journaux du Gouvernement, je le ferais de la même façon et très volontiers.

M. Simond dit aussitôt :

— Faites donner de l'argent aux journaux républicains. Nous sommes les amis de M. Floquet. Nos journaux sont ministériels. Dressez une liste de tous les journaux que vous aurez été chargé de payer, sur laquelle vous inscrirez les nôtres. Et vous-même vous irez la présenter au président du Conseil ; je vous accompagnerai chez lui et vous introduirai.

— Je veux bien, répondit Arton.

Il fut alors convenu que sur la liste qu'Arton présenterait, les journaux républicains seraient portés pour une somme de trois cent mille francs, et Canivet fut chargé de préparer et d'annoncer la visite de M. Simond et d'Arton pour le lendemain.

En effet, le directeur du *Radical* et le distributeur du Panama se présentèrent au ministère à l'heure dite, c'est-à-dire après le déjeuner.

M. Floquet était dans la salle de billard, et là eut lieu la présentation d'Arton.

M. Floquet, dont on connaît l'attitude un peu raide, et dont l'abord est très froid, surtout pour les gens qu'il ne connaît pas, décontenança, dès les premiers mots, ses deux visiteurs.

— Qu'est-ce que vous désirez ? Monsieur, dit-il à Arton, d'une voix sèche.

Arton expliqua en quelques mots que c'était bien à tort qu'on l'avait représenté au ministre comme un conspirateur. On avait raconté des inexactitudes. Il n'était nullement boulangiste, et s'il avait donné de l'argent aux journaux qui menaient la campagne contre le Gouvernement, il en avait distribué aussi aux journaux ministériels, et même aux hommes qui étaient les ennemis les plus irréconciliables du général Boulanger : « Je suis un éclectique, ajouta-t-il, je me borne à faire des affaires de publicité financière, et j'ai tenu à vous édifier en vous en fournissant la preuve. Voici la liste des journaux et des gens à qui j'ai distribué récemment l'argent du Panama.

En même temps, il sortit de sa poche une liste qu'il remit à M. Floquet. Celui-ci qui avait écouté, sans mot dire, la défense présentée par Arton, prit le papier qu'on lui présentait, le lut et, détournant la tête d'un côté, allongeant le bras de l'autre, il le restitua en disant ces simples mots :

— C'est bien, Monsieur.

Arton était tout interloqué par cette réception. Il s'attendait à mieux que cela.

M. Simond lui-même en était tout surpris et même inquiet ; mais comprenant que la scène pourrait mal tourner, il tira Arton par la manche de son pardessus, et ils prirent congé de M. Floquet.

En descendant l'escalier du ministère, Arton ne put s'empêcher de dire au directeur du *Radical* : « Comme il est raide, le président ; de quelle façon il m'a reçu. »

— Qu'est-ce que cela vous fait ? répondit M. Simond. Vous ne serez pas arrêté.

Comment ont été répartis les trois cent mille francs ?

Le *Radical* eut cent mille francs.

Le *Parti ouvrier*, à M. Victor Simond, eut 75,000 francs, et cent mille francs furent donnés à M. Canivet pour le journal *Paris*. J'ignore s'ils ont eu cette destination réelle.

La version de M. Arton, dont j'ai eu connaissance par lui-même, diffère sensiblement de celle que je viens de donner.

M. Arton aurait vu seul M. Floquet, et à deux reprises. Je ne veux pas rapporter cette version je préfère m'en tenir à la première.

Reste un solde de vingt-cinq mille francs.

A-t-il été remis à M. Canivet ? Je ne saurais l'affirmer, mais je crois savoir qu'il a été donné à quelqu'un de l'entourage immédiat de M. Floquet. Il n'est pas besoin de dire que ce dernier était absolument ignorant de toute cette manigance. Il n'avait su que ce que lui avait conté M. Canivet et que ce que lui avait dit Arton.

Voilà exactement ce qui s'était passé !

Lorsque le fait fut divulgué par la *Cocarde*, ce journal tenait le renseignement de M. le baron Cottu, soit directement, soit indirectement. Mais celui-ci ne pouvait connaître comment l'affaire s'était produite, ni dans quelles circonstances, ni quel avait été le rôle vrai des divers acteurs mêlés à l'incident. Arton s'était bien gardé de dire aux administrateurs de Panama la vérité, lorsqu'il se vit dupé, car, c'est au nom de M. Floquet qu'il avait demandé et obtenu les trois cent mille francs.

On aurait pu, cependant, rétablir les faits, lorsqu'une partie de la vérité fut connue. M. Floquet, pressé par un de ses plus vieux amis de raconter simplement à la Chambre l'exactitude et la réalité des choses, préféra user de diplomatie et employer une formule dont chaque mot était véridique, que personne n'était en droit de démentir, mais qui laissait subsister l'équivoque. Il ne voulut pas compromettre les deux hommes qui lui avaient causé ce terrible désagrément ; il compta peut-être que ceux-ci, finalement, donneraient la seule explication capable de le dégager. Il ne voulut pas les dénoncer. Sa confiance fut déçue.

MM. Simond et Canivet n'eurent ni le courage de se dénoncer, ni l'honnêteté de laver M. Floquet de l'accusation précise d'avoir obligé le Panama à subventionner ses amis.

Sans cette histoire, M. Floquet aurait été réélu président de la Chambre, et peut-être occuperait-il aujourd'hui la place laissée vacante par la tragique mort de M. Carnot.

Ceux qui l'ont compromis, malgré lui, n'ont pas seulement commis un véritable abus de confiance, perpétré par la présentation de la liste Arton ; ils ont complété cet acte par une mauvaise action en n'ayant pas la probité de rétablir les faits tels qu'ils s'étaient passés, le jour où on les incriminait, et immédiatement.

Quelques mois après, le journal *Paris* subissait une transformation, et M. Canivet en devenait le directeur et le propriétaire.

Que s'était-il passé ?

On sait que le journal *Paris* a été fondé, quelques années avant la mort de Gambetta, par M. Charles Laurent, avec les capitaux de MM. Edmond et Arthur Veil-Picard, banquiers à Besançon.

Tous deux jeunes, ambitieux, et surtout vaniteux, ils venaient d'arriver à Paris, et immédiatement ils s'étaient lancés dans la vie parisienne, où leur grosse fortune avait immédiatement ouvert devant eux toutes les portes de ceux qui sont accueillants pour les gens riches, quels qu'ils soient et d'où qu'ils viennent. Un fait acheva de les lancer : dans une tombola de bienfaisance, l'un d'eux osa lutter dans une enchère avec un Rothschild quelconque, et il resta l'enchérisseur. On pense si le lendemain les échotiers des organes boulevardiers célébrèrent les largesses de ce nouveau venu dans le Tout-Paris mondain et mi-mondain. On les présenta à Gambetta, et le jour où M. Laurent quitta la *France*, ils fournirent les capitaux nécessaires à la fondation du journal qui était destiné à être une concurrence directe pour celui que Girardin avait laissé si prospère en mourant.

Le but que recherchait M. Veil-Picard était le ruban de la Légion d'honneur.

Les années s'écoulaient et la boutonnière de M. Edmond Veil-Picard restait toujours vierge. Cependant, il avait tout fait pour l'obtenir, ce ruban rouge ! Il avait même signé une promesse en blanc de vingt mille francs à celui qui le lui ferait obtenir.

Enfin, il le décrocha sous le ministère de M. Waldeck-Rousseau, et il le portait très large à son pardessus, lorsque dans une polémique entre le journal *Paris* et M. Wilson, celui-ci sortit le fameux bon à payer en blanc de M. Veil-Picard. Le voici :

Je m'engage à payer la somme de vingt mille francs à la personne qui m'annoncera ma nomination au grade de chevalier de la Légion d'honneur. Ce paiement sera réalisé en billets de la Banque de France, le jour même où ma nomination paraîtra dans le **Journal Officiel** *de la République. Cet engagement ne restera valable que jusqu'au 31 janvier 1881.*

E. Veil-Picard.

M. Veil-Picard répondit à cette publication en déclarant dans le *Paris* que « ce document était faux ».

M. Wilson, au contraire, attesta la véracité de la déclaration et annonça qu'il allait publier le *fac-simile*, avec l'écriture et la signature.

M. Edmond Veil-Picard répliqua dans le *Paris*, qu'il attendait la publication de ce prétendu autographe, répétant que c'était un « faux ».

Le 25 novembre, le *fac-simile* était publié.

M. Veil-Picard, que ses adversaires mettaient au défi de faire un procès, fut contraint de dire qu'il allait s'adresser aux tribunaux.

« Le faux matériel existe, disait-il, dans une lettre; il a pris corps. C'est une mosaïque. Je vais poursuivre M. Wilson et ses complices. »

Il n'était plus possible pour lui, ayant nié au début, de reculer. Il fallait marcher... et il était visible que M. E. Veil-Picard marchait contraint et forcé.

On verra comment il s'arrêta en route.

Le 29 novembre, la demande de poursuites contre M. Wilson était lue à la tribune de la Chambre des députés. Le 7 décembre, les poursuites étaient autorisées.

Le lendemain, M. Veil-Picard commença la reculade. Au lieu d'assigner pour faux, ainsi qu'il l'avait annoncé, il assigna M. Wilson pour diffamation. Dans le premier cas, la preuve était admise; dans le second elle n'était pas permise par la loi.

En tous cas, on devait s'attendre à ce qu'un tel procès vînt très vite à l'audience. Il n'en fut rien. Il fut renvoyé, une fois, deux fois, plusieurs fois. Enfin, le jour où il allait être plaidé, l'avocat de M. Veil-Picard se leva pour demander la radiation de l'affaire; son client se désistait de sa plainte ! L'avocat déclara d'ailleurs que M. Veil-Picard avait eu satisfaction, qu'on lui avait déclaré que la pièce publiée pouvait ne pas être authentique, que M. Wilson avait été malgré cela de bonne foi, et qu'en cet état de cause il était intervenu un arrangement entre les deux parties.

Quels étaient les détails de cet arrangement? On n'en parla pas.

L'avocat de M. Wilson se contenta d'acquiescer à ces quelques mots par un simple sourire.

Or, la vérité est que ce qui venait de se passer à la barre, était pure comédie dont personne ne fut dupe.

La pièce publiée n'était pas fausse. Et voici comment elle était passée entre les mains de M. Wilson.

Elle avait été remise, en 1880, par M. Veil-Picard, à une personnalité que je ne veux pas nommer, et celle-ci, au cours de la campagne entreprise par le journal *Paris* contre M. Christophle, et dont je parle plus loin, aurait dit au gouverneur du Crédit Foncier: « Il y aurait cependant moyen de fermer le bec aux Veil-Picard ! »

— Comment? aurait demandé M. Christophle.

— Par ce petit papier !

Et il exhiba le fameux engagement de vingt mille francs.

M. Christophle n'eut pas grand effort à faire pour en obtenir la possession. Mais ne voulant pas en faire usage lui-même, il le passa à M. Wilson qui était attaqué à ce même moment par le *Paris*. Tout le monde crut que c'était une pièce des fameux vingt mille dossiers du gendre de M. Grévy. Personne ne songea à l'attribuer à M. Christophle.

A partir du jour où cette fameuse pièce fut publiée, à partir du moment où M. Veil-Picard apprit qu'elle était dans les mains du gouverneur du Crédit Foncier, la campagne violente — entreprise par le *Paris* contre cet établissement — cessa brusquement. Et M. Veil-Picard chercha à éviter le procès, il eut des prétentions moins dures pour la vente de son journal. Il avait voulu imposer ses conditions au Crédit Foncier. C'était celui-ci qui, à son tour, le faisait chanter, car s'il était resté propriétaire du *Paris*, il n'aurait pu empêcher le procès Wilson d'être plaidé avec toute l'importance que comportait le tapage fait par la publication du *facsimile*.

En se retirant de la politique, il savait qu'il serait moins exposé aux attaques de ceux qui l'avaient mis en scène, en le ridiculisant.

Je raconte, plus loin, pourquoi M. Christophle s'était aussi durement vengé de M. Veil-Picard.

Dans l'inventaire de la maison de banque Veil-Picard, du 31 mars 1888, le journal *Paris* figurait pour la somme de 1 million 060,280 fr. 10.

MM. Veil-Picard ne l'ont certainement pas cédé pour rien. M. Christophle pourrait-il dire le prix qu'il l'a payé? A-t-il payé ce chiffre, ou un chiffre moindre? Il serait intéressant de le savoir. Les actionnaires du Crédit Foncier ne seraient peut-être pas fâchés de connaître si ce prix d'achat figure sur le chapitre de la publicité, ou s'il a été compris dans les bonnes valeurs du portefeuille?

L'aventure du bon de décoration amusa la galerie, mais ne mérite pas de s'y arrêter davantage.

M. E. Veil-Picard avait été décoré comme commanditaire d'un journal; or, il y a eu tellement de commanditaires de journaux décorés, que le fait est de peu d'importance.

Son frère, M. Arthur Veil-Picard, a d'ailleurs été décoré, lui aussi, dans les mêmes conditions; il l'a même été en dehors des promotions ordinaires, ayant exigé d'avoir le ruban rouge avant de verser son argent. Sa nomination parut au *Journal Officiel* dans les commencements d'octobre 1888, et le 29 octobre suivant se signait chez un notaire de Paris l'acte de Société d'un journal, dont il devenait l'un des principaux actionnaires. Donnant, donnant.

Pendant une huitaine d'années MM. Veil-Picard avaient donc été les propriétaires du journal *Paris*, et cette propriété, si elle avait été onéreuse d'un côté, leur avait rapporté, d'un autre, des participations importantes dans toutes les grandes affaires financières, où leur situation de banquiers permettait de les admettre, mais dans lesquelles ils n'eussent peut-être pas figuré s'ils n'avaient été les propriétaires d'un grand journal ministériel.

Le journal leur servit de plus à faire une opération extrêmement fructueuse.

Tout le monde connaît la marque d'absinthe Pernod, qui s'exploite à Pontarlier. Elle appartenait à son fondateur dont elle porte le nom, et les bénéfices réalisés par cette distillerie sont très considérables.

MM. Veil-Picard connaissaient l'affaire qu'ils savaient bonne; ils avaient peut-être aussi un vif désir de la posséder.

Étaient-ils bien ou étaient-ils mal avec M. Pernod ? Je l'ignore. Mais il s'est produit un fait matériel que je me contente de signaler :

Certain jour, plusieurs journaux de la région de l'Est, et en même temps deux ou trois organes parisiens menèrent une très violente campagne contre la personnalité de M. Pernod, qui était accusé d'avoir marié sa fille à un officier prussien. On traita le fabricant d'absinthe de mauvais patriote; on lui fit les mille misères. Puis, tout d'un coup, la campagne cessa, et il ne fut plus question de l'absinthe Pernod qu'à la quatrième page du journal *Paris*, où s'étalait une immense annonce sur deux colonnes.

Quelle était la cause de ce silence et de cette annonce?

Tout le monde va en juger.

M. Pernod avait sans doute reçu un beau matin la visite de quelqu'un qui lui avait conseillé de vendre sa marque et ses usines avant que la maison de commerce fût discréditée. Peut-être eut-il tout seul l'idée de vendre? En tout cas, il fut obligé, par ces circonstances, de la vendre dans des conditions désastreuses pour lui, et à un prix qu'il n'aurait pas accepté quelques mois avant.

Quel était l'acheteur?

MM. Veil-Picard frères!!! Faut-il rappeler le proverbe latin : *Is fecit cui prodest?*

Ayant assez d'occupations pour l'avenir avec une écurie de courses et une distillerie; dégoûtés par l'aventure de la publication de la promesse de vingt mille francs, relative à la décoration de la Légion d'Honneur,

MM. Veil-Picard ne tardèrent pas à vouloir se débarrasser de leur journal.

Mais ils appartenaient à une famille dans laquelle on n'a pas l'habitude de donner pour rien quelque chose qui coûte.

Pour expliquer la vente et la transformation du *Paris*, je n'ai qu'à citer la partie du discours de M. Habert, le 29 novembre dernier, à la Chambre des Députés, et se rapportant à une histoire qui se serait passée dans le grand duché de Gérolstein :

Extrait du discours de M. Marcel Habert, d'après le compte rendu publié par le *Journal Officiel* :

« Il y avait dans ce grand-duché de Gérolstein, un certain surintendant des finances que le journal de Gérolstein appelait couramment « bandit! voleur! » C'était fort désagréable au surintendant. Ne sachant comment s'y prendre, ayant probablement épuisé tous les moyens de conciliation, il se décida à une grande mesure : il acheta le journal entier et nomma directeur dudit journal celui qui rédigeait dans son petit village une feuille qui célébrait sa gloire. Le lendemain, le petit rédacteur de province, devenu directeur de la grande feuille, avait soin de prévenir ses nombreux lecteurs que le rédacteur qui, la veille encore, traitait M. le surintendant des finances de voleur, conservait sa précieuse collaboration au journal.

Il est bien entendu qu'à partir de ce moment

il n'y eut plus d'injures contre M. le surintendant des finances. (*On rit*).

Des faits comme celui-là se passent à Gérolstein — et quelquefois à Paris. Eh bien ! je prétends que les surintendants des finances qui emploient de pareils procédés sont de véritables complices inconscients des chantages qui suivront plus tard.

Le journal dont il est question ne s'imprimait pas dans le duché de Gerolstein, mais à Paris, dont il porte le nom.

Le surintendant des finances n'était autre que M. Christophle, directeur du Crédit Foncier.

En effet, le 10 octobre 1888, le *Paris* qui avait déjà publié, quelques jours auparavant, un article contre le Crédit Foncier, disait ceci :

« Nous avons signalé, il y a quelques semaines, à la vigilance de M. le ministre des Finances, la situation irrégulière du Crédit Foncier. Nous avons dit comment les administrateurs actuels de ce bel établissement dont la fortune intéresse tout le monde en France, violaient ouvertement les statuts. Nous avons expliqué que les procédés anti-statutaires de M. Christophle avaient des conséquences très fâcheuses, non seulement pour le marché financier où son intervention ne devrait jamais être celle d'un agioteur, mais aussi pour le public tout entier dont les intérêts peuvent être aussi sûrement compromis par sa gestion incorrecte que par un véritable krach. »

Puis l'article parlait de la « Bourse de jeu » du Crédit Foncier, qui était déjà de 500 millions, deux mois avant, et dépassait 600 millions à ce moment.

On signalait enfin des ventes répétées de 3 0/0 composant le portefeuille du Crédit Foncier, lequel s'était associé par ses tripotages en Bourse aux manœuvres les plus coupables. Les livraisons succédaient aux ventes. « C'étaient de véritables tripotages. »

Le 23 octobre, nouvel article publié par le *Paris* sur la Bourse de jeu du Crédit Foncier et M. Christophle était violemment attaqué.

Le 28 octobre, autre virulente diatribe sous ce titre : « Les fantaisies de M. Christophle » et *Paris* réclamait la révocation du directeur du Crédit Foncier.

Le 31 octobre, c'était une réponse de M. Christophle qui s'était fait défendre par un journal. (Il n'avait eu que l'embarras du choix.) On le traitait de « fermier d'émissions diverses, d'entrepreneur de loteries que ne retient aucune règle, et enfin, d'agioteur sans frein. »

Le 8 novembre, publication d'un article intitulé : « La danse des millions ». Son contenu était la répétition de tous les précédents.

Le 10 novembre, le *Paris* portait, sous ce titre : « Les fraudes de M. Christophle », de nouvelles et violentes attaques.

Le 14 novembre, le *Paris* répondait au *Voltaire* qui lui reprochait d'avoir dit que toute la presse était achetée par le Foncier. Le *Voltaire* protestait. M. Laffitte voulait faire croire sans doute qu'il était le seul à ne pas accepter et à ne pas toucher les mensualités du Crédit Foncier.

Et après cet article *Paris* se tut, devint absolument muet sur les fraudes de M. Christophle, et cessa de réclamer la révocation du gouverneur du Crédit Foncier.

Pendant toute la période de polémique, le bulletin financier de la revue financière de la semaine ne citait même pas les cours du Crédit Foncier.

Il importe de faire observer que ces dates concordent absolument avec la publication de l'engagement de M. Veil-Picard.

Le 6 janvier, la revue financière recommança à donner des nouvelles des actions du Crédit Foncier en ces quelques mots : « Le Crédit Foncier ne s'est pas éloigné des cours de 1365 à 1370. La situation reste excellente, *mais on paraît moins s'en occuper.* »

Les négociations étaient en bonne voie. Mais le *Paris* n'avait pu continuer sa campagne contre le Crédit Foncier. D'ailleurs, c'était de toute impossibilité politique. A tout prix le gouvernement avait dû la faire cesser, et la divulgation faite par M. Wilson n'était pas étrangère à ce résultat.

On était en plein dans la période électorale de l'élection Jacques contre Boulanger.

Le 12 février, quelques jours après l'élection du 29 janvier, le *Paris* portait en tête du journal les deux notes suivantes :

Le « Paris », fondé grâce au dévouement républicain de MM. Edmond et Arthur Veil-Picard, devient, à partir de ce jour, la propriété de M. Raoul Canivet.

« Il n'y a rien de changé à la politique du *Paris*.

« Ce journal n'a jamais cessé de défendre la politique républicaine progressiste. Nous continuerons.

« La lutte devient chaque jour plus vive, la bataille plus ardente.

« Nous venons prendre notre rang à côté de notre ami Charles Laurent, pour le bon combat, aussi bien contre l'esprit de dictature que contre l'esprit de réaction.

« Nous n'avons pas de programme à tracer.

« Nous combattrons.

« Pour la Direction politique,

« A. RANC. »

Le nom de M. Charles Laurent continua cependant à figurer sur la manchette du journal, à côté de celui de M. Canivet, directeur.

Il n'y resta pas longtemps.

M. Canivet a eu, comme directeur du *Paris* et président du Comité des fêtes de la Presse, l'honneur de recevoir l'amiral Avelan, lors de la représentation de gala de l'Opéra, et un député très spirituel qui assistait à cette réception ne put se retenir de dire ce joli mot, qui a fait rire tout Paris : « Voilà le Christ entre les deux larrons ! »

Aujourd'hui, M. Canivet est sur la sellette à propos de l'affaire Allez que je raconterai plus loin. Et, chose qui ne me surprend nullement, M. Victor Simond y est, dit-on, avec lui.

CHAPITRE XVIII

Le *Gil Blas*. — Les échos du *Diable Boiteux*. — Le Bottin de la galanterie. — Le moyen d'avoir un chèque aux émissions. — Le chef d'orchestre et les rabatteurs. — Le casuel et le certain. — Toutes les cordes de la lyre. — Les scandales du grand monde. — Le chantage sur une grande dame. — Les soirées de Mme M..., éclairées à *giorno*. — Les maisons de passe dans le *Gil Blas*. — Le *Diable Boiteux* et les roulettes clandestines. — Les déménagements des entremetteuses — L'exploitation des casinos et des cercles. — L'affaire du Palais Marie-Christine. — L'invit. à M. Siere. — Les voyages des aigrefins de la palette. — Ostende et Biarritz. — Le baron Ravault. — L'affaire de 1892. — Un portrait du baron de Vaux. — Puffisme et fumisterie. — Un faux baron. — Un ancien rat de cave de la Commune. — . douairière et la baronne. — Chevalier du Mérite agricole ! — MM. Albiot et Desfossés. — Les sociétés de M. Albiot. — La dernière faillite. — Sus aux voleurs !

Lorsque j'ai dit dans un chapitre précédent que les journaux qui pratiquent le chantage étaient généralement des journaux qui ne faisaient pas de bonnes affaires et qui vivaient d'expédients, j'ai mentionné un journal demi-mondain.

Ce journal est le *Gil Blas*.

Toute personne qui a lu seulement une fois cet organe du demi-monde a certainement été frappé par le caractère tout particulier avec lequel sont rédigés les échos de cette feuille spéciale.

Cette rubrique est le Bottin et l'indicateur du monde de la galanterie, l'annoncier des scandales conjugaux, le moniteur des maisons de rendez-vous et l'album-réclame des filles tarifées dont l'intérêt est d'être le plus souvent citées pour obtenir ainsi une cote élevée dans les maisons de tolérance du quartier de la Madeleine ou des Champs-Elysées.

Il ne se passe pas une fête dans le clan féminin sans qu'elle ne soit annoncée dans les échos du *Gil Blas*, — soit en bien, soit en mal. Et on peut juger du tort que cela peut causer à une de ces femmes, si on raconte qu'elle a pendu une crémaillère où tout était mauvais et dont les convives étaient des pannés et les conviées de vulgaires grues, vieilles par-dessus le marché et surtout inconnues. Lorsqu'on ajoute que le champagne venait de chez l'épicier du coin, le compte rendu est complet. Mais le trait de méchanceté indique aussitôt le motif de l'éreintement formidable. Pourquoi la pauvre n'a-t-elle offert du Mumm ou du Roederer à ses invités ? Ignorait-elle que les échotiers du *Gil Blas* vendent et lancent des marques spéciales de champagne?

Les femmes du monde ont leur place dans cette rubrique.

Malheur à elles, si une bonne congédiée ou mécontente vient dans l'antichambre de ce journal raconter les petites aventures de sa maîtresse. Le lendemain, un venimeux entrefilet dans lequel personne n'est nommé, mais plein de réticences, promet de bientôt raconter toute l'histoire. Quelques jours après on la rapporte dans tous ses détails, quoique sans citer les noms. Dans le monde que fréquentent les personnages visés, il n'est personne qui ne puisse les reconnaître. D'ailleurs, de crainte que la chose ne passe inaperçue, une main inconnue a eu soin d'envoyer sous bande le *Gil Blas* à tous ceux qui peuvent deviner et qui fréquentent les acteurs de l'aventure.

Beaucoup de ceux-ci savent, dès le premier article, comment il faut s'y prendre pour empêcher la publication du second.

Il se trouve toujours dans l'entourage un ami qui a quelques relations avec les échotiers du *Gil Blas*; il suffit de l'envoyer en ambassadeur et d'y mettre le prix. C'est le meilleur moyen pour éviter un scandale; c'est le plus usité.

Souvent l'écho de ce genre fait coup double. Il est publié à l'instigation d'une femme du monde qui se venge d'une ancienne amie ou d'une rivale, et celui qui a accepté de publier cette petite infamie compte toucher aussi de l'autre bord le prix de son silence, après le deuxième écho.

Les cocottes qui ont plusieurs amants et se montrent partout, au Bois, au théâtre, aux courses, ont le plus grand intérêt à voir leur nom cité souvent dans les échos du *Gil Blas*. Par cette réclame les étrangers les connaissent, ils savent leurs qualités, et naturellement elles en tirent avantage et profit. Se fâcher avec les échotiers du *Gil Blas* peut avoir une conséquence terrible pour ces femmes. Le silence sur leur nom serait déjà un préjudice : un écho perfide et méchant disant qu'elles sont vieilles, laides ou mal faites peut à tout jamais ruiner leur commerce. Les filles de cette catégorie paient un abonnement particulier à l'échotier — paraît-il — pour être citées. Elles ont droit à un nombre préalablement fixé de citations. Lorsqu'elles ne veulent plus renouveler, elles sont éreintées.

Les femmes richement entretenues ont, au contraire, tout intérêt à ne pas être citées dans le *Gil Blas* — ou tout au moins le plus rarement possible, et seulement dans les grandes circonstances. En effet, elles ont généralement un protecteur sérieux, riche, et si elles font de temps en temps une petite fugue, une vadrouille, elles prennent toutes précautions pour cacher ce léger coup de canif au contrat illégitime qui les lie. Elles ont tout intérêt à ne rien laisser soupçonner de cette infidélité qui, dévoilée, risquerait de briser leur situation. Or, les échos du *Gil Blas* visent souvent le cas de ces particulières ; la première fois, on fait comprendre qu'on sait tout, et que prochainement on sera à même de découvrir le mystère ; la seconde fois, on dit tout, à moins qu'on ne se taise. Et le silence est payé.

Les financiers et leurs femmes ont aussi leur place dans ces échos, surtout ceux ou celles qui ont intérêt à cacher le passé ou le présent de leur vie.

Cette catégorie est visée pour avoir un chèque aux émissions.

Si le passé ou l'avenir de la vie de ces financiers ou de leurs femmes est à l'abri de toute attaque, les échos du *Gil Blas* ont un autre moyen pour forcer la caisse : débiner les bals et les dîners de ceux qui ne paient pas.

Les vieilles filles ayant gagné une fortune avec les chevrons de l'âge, ne sont pas épargnées non plus. Les maisons interlopes de rendez-vous sont aussi largement mises à contribution. Pour celles-ci même, on va jusqu'à publier des réclames à peine déguisées.

Les maisons clandestines de jeu, les femmes qui font jouer, les cafés où se tient un match de billard, les casinos et les cercles sont surtout rédimés et d'une façon périodique.

Qui profite de tous ces chantages, de tous ces brigandages? Un peu le journal, beaucoup le rédacteur spécial, et le reste va aux intermédiaires de cet honnête trafic.

Car, il existe une véritable organisation pour mettre en exercice toutes ces diverses questions.

Autour du chef d'orchestre qui, officiellement, est chargé des échos, il y a une multitude de rabatteurs, hommes du monde décavés, femmes de chambre jalouses, comparses imbéciles, croupiers en disponibilité, philosophes brûlés au travail, et alphonses du demi-monde. Tous ces gens se remuent chacun dans leur milieu, cherchant tous une affaire capable de leur rapporter quelques billets de mille. Quant au patron, il plane de son fauteuil sur ces auxiliaires prêts à se compromettre pour lui. Lui, n'est pas comme le photographe Pierre Petit, il opère rarement en personne. Plus prudent, il attend que le coup soit fait; il croit ne rien risquer, et si le coup tourne mal, il a bien soin de décliner toute responsabilité. Il a un alibi tout préparé; il n'est pas venu au journal le soir où l'écho a été donné à l'impression.

A ce petit métier, il a amassé, dit-on, trois ou quatre cent mille francs, d'après les uns, davantage selon les autres.

En tout cas, son affaire est bien réglée ; il a le casuel et le certain.

Le casuel, ce sont les scandales imprévus qu'on étouffe après les avoir signalés ; les débinages ou les louanges de la partie demi mondaine ; les grecs mis à contribution pour ne pas être signalés, les étrangers de qualité qu'on lance dans le Tout-Paris ; et enfin les petits bénéfices des fournisseurs de toute qualité et de toute catégorie.

Le certain, c'est d'abord la dime régulièrement perçue chaque saison sur tous les casinos ; le prix du silence réclamé et obtenu de toutes les maisons de passe ou de jeu clandestins et enfin, les mensualités et les chèques d'émissions payés par les banquiers.

Avec toutes ces cordes à sa lyre, il n'est pas surprenant que ce merveilleux chanteur ait pu amasser et mettre de côté une belle fortune.

Depuis quatorze ans, ce commerce est pratiqué publiquement, ouvertement. On n'a jamais daigné le démasquer ; on n'a jamais tenté de le faire cesser.

Dans le monde de la presse, il n'est pas

un journaliste qui l'ignore. Chacun laisse à d'autres le soin d'y mettre un terme. Et cet autre, le Parquet, n'a jamais pris cette peine malgré les plaintes nombreuses de certaines victimes ; malgré les procès retentissants où ces faits de chantage étaient clairement dénoncés, malgré des drames terribles survenus à la suite de ces échos scandaleux.

Afin qu'on ne suppose pas que j'ai exagéré les choses, je vais me borner à choisir dans le tas quelques-uns de ces échos :

En voici un du 25 janvier 1888.

Est-ce la femme à qui on fait appel, ou bien est-ce une vengeance payée?

« Une intrigue assez intéressante se passe en ce moment dans un quartier voisin du Parc Monceau. Mme de X..., épouse d'un haut dignitaire étranger, peut, sans contredit, passer pour une très aimable femme, et d'autant plus intéressante que depuis longtemps elle a peu d'estime pour son mari dont elle craint même les approches. Cependant, elle conserve avec lui, aux yeux du public, des dehors d'honnêteté et cache avec grand soin sa conduite parce que M. de X..., quoique peu attentif à ses charmes, témoigne néanmoins en être fort jaloux; et c'est assez l'usage des maris qui ne se rendent point justice.

« Mais sa femme, malgré toute la surveillance dont elle est l'objet de la part de Tricoche et Cacolet, trouve parfaitement le moyen de prendre sa revanche, et presque tous les jours, elle a le plaisir de co...battre son mari. Il est vrai que la crainte où elle est continuellement d'être surprise, fait qu'elle est peu à son aise pour prendre ses ébats, mais la vengeance a, pour les dames, tant d'attrait qu'elle n'y regarde pas de si près. En outre, celui qu'elle a choisi est peu sur les façons. C'est un ancien gendarme de la garde de Paris, âgé d'environ quarante ans, solide comme un Turc et fidèle comme un chien. Mme de X... n'en demande pas davantage. »

Echo de même catégorie :

« Séparation du vicomte et de la vicomtesse de X... Le mariage de ce couple qui porte un nom célèbre sous la Restauration est de date récente.

« Si j'en crois les mauvais propos qui circulent dans le monde à ce sujet, Madame aurait tous les torts, mais on ajoute que c'est bien un peu la faute du mari.

« Il paraît que quelques mois après le mariage, le mari voulant faire connaître à sa femme tous les dessous de la vie parisienne, l'a conduite un peu partout et jusque dans une maison voisine de la Bibliothèque Nationale. »

Je parierais volontiers qu'il n'y avait aucune séparation projetée. Mais il fallait bien un prétexte pour raconter cette infamie qui était sans nul doute une invention malveillante.

Puisque je parle des échos de scandales

mondains, je suis obligé de parlé d'un incident qui est bien connu.

Certains jour, les échos du *Gil Blas* s'avisèrent de s'adresser à une grande dame, épouse d'un très gros financier, et on publia deux très longs entrefilets dans lesquels on la désignait dans l'un, sous le surnom « d'allumeuse », dans l'autre sous celui de « baronne Tinette, et très souvent sous la dénomination de « la Bécasse impertinente.»

On m'a affirmé qu'après les premiers échos une démarche fut faite auprès de la personne visée ou auprès d'un de ses amis pour réclamer le prix du silence. Quelques gens prétendent qu'on paya une première fois ; mais les échos malveillants ayant recommencé, plainte fut portée au Parquet.

L'affaire faillit aller très loin. Un commissaire de police avait même reçu des instructions pour procéder à deux arrestations, lorsqu'un ami arrangea l'affaire qui fut étouffée.

Cet incident fit, à l'époque, un certain tapage dans les rédactions de journaux, et on prétendit que les échos en question avaient été apportés au *Gil Blas* par une femme du monde, la duchesse D.., qui poursuivait une vengeance.

L'échotier, pour avoir voulu faire coup double, risqua de payer plus cher qu'il n'avait reçu.

Dans le numéro du 26 février 1888, j'ai trouvé l'écho suivant :

« Hier, brillante soirée chez Mme M..., qui ouvrait pour la seconde fois ses magnifiques salons des Champs-Elysées. »

Je me suis laissé dire que, quelques temps auparavant, cette dame avait été l'objet d'un éreintement en règle suivi de la menace de divulguer son passé, et que pour éviter de voir déserter ses salons, elle avait capitulé devant les fortes exigences de ces maîtres-chanteurs.

Depuis ce jour, les soirées de Mme M... ont été brillantes, et les échos qui le disaient ont été éclairés *a giorno*.

On a beau parcourir la collection de plusieurs années, ce sont toujours les mêmes histoires, qui sont censées se passer dans le Grand-Duché de Gérolstein. Il n'y a qu'une chose qui varie : la partie qui désigne les personnages visés.

Lorsqu'on veut faire chanter les maisons de passe, voici la formule :

Extrait des échos du *Gil Blas*, du 6 août 1891.

« Maison curieuse, passage des Champs-Élysées, et ignorée de tous les viveurs.

« Mais elle les connaît tous et a pour spécialité de fournir sur chacun d'eux les renseignements que demandent ces demoiselles.

« Cette espèce d'agence Tricoche et Cacolet

est dirigée par une vieille pécheresse qui n'a pas réussi sur le turf galant.

« Toutes les fois qu'un étranger arrive à Paris et qu'il se lance dans le mouvement dirigé par l'intrépide Vide-Bouteilles, il est certain qu'on se renseignera sur sa valeur. »

Autre modèle extrait du 17 décembre 1891 :

« Il paraît qu'il existe du côté de la Chapelle expiatoire une maison où une vieille lavandière de l'amour instruit les jeunes tendresses qui débutent dans le monde de la haute noce, à rougir par règle. C'est par ce moyen et la potion du docteur..... que la mère d'une jeune artiste en passe de devenir étoile de deuxième grandeur au firmament parisien a vendu tant de fois l'innocence de sa fille. »

Ce *Diable Boiteux*, qui signe les *Échos du Gil Blas*, est très renseigné aussi sur ce qui se passe chez les femmes qui font jouer.

Malheur à celles qui ne savent pas se faire bien venir de lui, car il part très vite en campagne contre les vieilles gardes qui font jouer et on ne parle, dit-il, que de celles de la rue Miromesnil et de la rue Prony.

Celles-là sont averties. Elles ne peuvent plus l'ignorer.

Quelques jours après, il signale les roulettes de la rue Caumartin, de la rue Jean-Goujon, de la rue d'Amsterdam, et il revient sur les femmes qui font jouer rue Miromesnil, rue Prony et rue Tronchet.

« On demande le nom du gardénia qui a été pincé chez une vieille hétaïre du boulevard Malesherbes en flagrant délit de tricherie.

« Il s'agit d'une trentaine de mille francs.

« Depuis quelque temps, on se méfiait de lui et sa veine étonnait tout le monde. On l'a surveillé et on l'a pris mettant des portées au baccara. »

Sur ces dénonciations, s'il s'était agi de tripots clandestins, la police aurait, sans tarder, opéré des descentes pour pincer les délinquants. Mais il n'y a eu aucune descente, nulle part, et cela laisse à supposer que l'impôt de tolérance fut payé au *Gil Blas*, pour ne plus être dénoncé. Les roulettes furent probablement transportées dans une autre rue ou dans un autre quartier — sûres, cette fois, de ne pas attirer l'attention.

Lorsqu'une entremetteuse déménage, le *Gil Blas* porte ce changement de domicile ; il annonce sans vergogne « que Mme X... a changé le quartier des peintres pour le quartier des Champs-Elysées. »

Et lorsque ces personnalités parisiennes ont une réception extraordinaire, le *Gil Blas* publie la chose en des termes sérieux et sévères tels que les lecteurs qui ignoren la profession de l'honnête dame peuvent croire qu'il s'agit d'une soirée du grand monde.

C'est à pouffer de rire ! Mais il y a gros à

parier que tout cela n'est pas fait à l'œil.

Quand on veut porter préjudice à une femme, on l'appelle « la Dinde » ou bien on raconte que :

« La demoiselle Henriette L... ex-vendeuse au rayon de corsets du Printemps, comme l'était jadis Blanche D.., vient de passer aux appointements du comte de P.., aux appointements de 75 louis par mois, etc., etc.

Les femmes qui ne veulent pas assister aux fêtes érotiques données par le Vide-Cuvettes des échos du *Gil Blas*, voici comment on les traite :

« La demoiselle Irma de B..., figurante au théâtre de la Renaissance, qui a eu pendant quelques mois pour guerluchon le marquis de X...; a emmené dîner hier chez Maire la demoiselle Marguerite N..., avec laquelle elle a entrepris de faire le voyage à Lesbos.

« La demoiselle Edwige Boneman, ex-danseuse de l'Opéra, est toujours entretenue par le baron de X... Quoiqu'il soit absent, elle dispose toujours de sa maison à Ville d'Avray, et il lui envoie de l'argent. Mais, comme les absents ont toujours tort avec ces femmes-là, elle a profité habilement depuis huit jours du passage de M. Y..., lieutenant de chasseurs, qu'elle a connu anciennement à Alger. Il lui a donné dans ce peu de temps, au moins quatre cents louis.

« Heureusement pour lui, il est parti hier pour sa garnison. »

De la même catégorie, l'écho suivant :

« La petite Yvonne de B.., qui a quelque peu sacrifié à Lesbos, autrefois, vient d'être l'héroïne d'une histoire qui fait grand tapage dans le monde Cythéréen et dans celui des Copurchics.

« Il paraît que cette jeune apéritive qui est protégée par un riche anglais, a pour guerluchon un jeune cocher qui a été autrefois au service de son seigneur et maître. »

Tout cela, c'est la manière de traiter les filles qui ne veulent pas se laisser faire ou qui n'achètent pas du champagne aux rabatteurs du *Diable Boiteux*.

Mais ce n'est que de la romance.

Passons à la musique à grand orchestre et au plain-chant.

Le *Diable Boiteux* est, en effet, un vertueux.

Il n'aime pas le jeu, il déteste les cercles, il abhorre les casinos, il a en horreur les croupiers.

Il suffit de parcourir une collection du *Gil Blas* pour apprécier la manière d'exploiter cette partie de chant.

Voici l'affaire du Palais Marie-Christine de Nice en 1883 :

Le 4 mars, le *Gil Blas* publie ceci :

« Nous avons raconté, il y a quelques jours, les exploits d'une bande de grecs qui s'est abattue récemment sur Nice.

« Il paraît que la plupart de ces filous qui ont pour chef un nommé L..., visitent en ce moment Cannes, Hyères, etc... etc., et partout où ils passent, ils laissent des traces de leur passage.

« Notre correspondant nous écrit qu'ils viennent de dépouiller un Américain comme un vé-

« A Nice, ils continuent d'opérer, et ils viennent de s'associer quelques pareils d'une habileté à toute épreuve. »

Le 6 mars, il ne s'agit pas de Nice, mais de Paris. On verra tout à l'heure le lien des deux affaires.

« Malgré la plus active surveillance, ces philosophes arrivent à se faufiler partout. Un de nos amis appartenant à un cercle des environs de l'Opéra a été complètement ahuri en revenant d'un long voyage de trouver un nommé X., grec fort habile, mais en même temps fort connu, commandant presque en maître dans ce cercle et touchant une partie de la sainte cagnotte sous le fallacieux prétexte qu'il faisait, à l'aide de ses amis, marcher la partie. Nous nous étonnons que le Comité, composé de gens honorables, supporte un pareil travailleur et qu'il ne se soit pas renseigné sur les antécédents de ce monsieur. »

Echo du 11 mars 1883 :

« On écrit, d'une grande ville, le récit de faits scandaleux qui se seraient passés dans un cercle où les joueurs volaient et les croupiers aussi. On annonce une enquête judiciaire ».

Le 17 mars, personne n'ayant répondu à l'amorce, le *Gil Blas* annonce enfin que « les faits se sont produits à Nice, et que le Cercle Marie-Christine a été fermé. »

Très certainement il possédait ce renseignement le jour où il avait publié le premier écho, mais il avait voulu laisser aux gens visés le temps de passer à la caisse.

Personne ne s'était présenté au guichet.

Quoique n'ayant pas donné tous les détails, personne n'avait fait faire de démarches auprès du *Diable Boiteux* pour le prier de se taire.

C'était tellement extraordinaire qu'il ne pouvait se faire à cette idée !

Cependant, ce cercle de Nice ayant été fermé, il était difficile de raconter qu'on avait recommencé à voler.

C'eût été trop raide !

Mais les échos du *Gil Blas* ne s'arrêtent pas pour si peu de chose.

L'administrateur du cercle de Nice où s'était produit le scandale, était précisément l'administrateur d'un cercle de Paris ; ce cercle devrait payer pour l'autre.

Le 17 mars, c'est-à-dire le même jour, le *Gil Blas* publie donc l'écho suivant, au-dessous de celui qui donne les détails de l'affaire de Nice :

« Scandale dans un grand cercle du Boulevard, départ pour le Sénégal d'un fils de famille qui a tout perdu dans ce grand cercle. »

Personne ne bouge encore. Aucun ambassadeur n'est envoyé pour demander silence et indulgence.

Le 22 mars, le bout de l'oreille perce !...

Le *Gil Blas* publie un violent écho contre le cercle de la Presse, et cette fois, M. Sicre du Breilh, qui en est l'administrateur, est dénoncé comme étant aussi directeur du cercle de Nice qui a été fermé.

Qu'est-il survenu ensuite ? Je l'ignore, mais voici ce que je constate :

Les échos du *Gil Blas* n'ont plus parlé de la scandaleuse affaire du cercle Marie-Christine de Nice, ni du cercle des environs de l'Opéra, ni surtout de M. Sicre.

L'année 1888 n'est pas moins intéressante à compulser.

La saison de Nice bat son plein.

Ne voulant pas ou ne pouvant plus attaquer les cercles, le *Diable Boiteux* s'adresse à deux grecs connus :

« Enfin ! la police niçoise vient d'arrêter deux grecs célèbres, Maillan et Hardisson !

« Ces deux individus qui sont connus dans le monde des joueurs par leurs exploits, avaient chambré un noble étranger et c'est sur sa dénonciation que les deux aigrefins ont été pincés. »

Heureusement, cette année, on a été sage

à Nice; il ne s'est produit, paraît-il, aucun vol dans les cercles. Peut-être, le *Diable Boiteux* a-t-il manqué de renseignements, mais il a pris ses mesures pour être mieux instruit sur ce qui allait se produire en été dans les stations thermales et balnéaires.

Avant l'ouverture de la saison, Pougues, Spa, Dieppe sont déjà l'objet de ses échos dithyrambiques.

Tout est parfait dans ces stations; et la saison n'y est pas encore ouverte que le monde y afflue.

Cela signifie simplement que les directeurs des casinos de ces villes ont eu la précaution d'accepter l'offre du *Diable Boiteux*, pour sa publicité.

Mais il n'y a que ces trois casinos! Il s'agit d'obtenir les traités de publicité ou de silence pour les autres.

Le 31 juillet, le *Gil Blas* porte l'écho suivant :

« Il paraît, que les « aigrefins de la palette » ont choisi cette année l'Auvergne comme centre de leurs opérations. Les commissaires de police viennent d'être avisés que les célébrités grecques les plus connues s'étaient dirigées de ces côtés. Il va sans dire que Luchon qui a toujours été un véritable repaire de philosophes, verra également quelques travailleurs. A l'heure qu'il est, le grand maître de ces industriels, le célèbre H... est déjà installé dans cette station. On n'attend plus que les gros pontes qui viendront se faire dépouiller par eux et la fête commencera. Il avait été question pendant un certain temps d'interdire les jeux dans cette station. Nous nous demandons pourquoi cette excellente mesure à laquelle tout le monde applaudit n'a pas été prise. »

Il faut remarquer que les casinos d'Auvergne, du Centre et de Luchon venaient à peine d'ouvrir leur saison.

Le 11 août, les aigrefins avaient complètement disparu de Luchon. Il n'y en avait plus un seul ! Le *Diable Boiteux* annonce en effet que les fêtes succèdent aux fêtes. « Léonie M... organise toutes celles qui ont lieu dans la vallée du Lys, comme celles qui sont données au casino, » et il cite le nom de toutes les filles qui y prennent part.

Le 15 août, nouvel écho élogieux sur Luchon : « On s'amuse beaucoup à Luchon ! »

Le 21 août, autre écho : « On continue à s'amuser à Luchon ».

Mais il paraît que les mêmes aigrefins qui avaient été signalés en Auvergne avaient eux aussi pris très promptement leur billet pour une autre station.

Effectivement, le 12 août, un écho célébrait les amusements et le monde de la station du Mont-Dore. Et comme un seul article ne pouvait suffire pour constater le mouvement de cette station, un deuxième paraissait le lendemain, spécialement affecté à distribuer des louanges aux directeurs du casino.

Les stations de Cabourg, d'Aix, étaient aussi vantées, et en des termes d'une telle chaleur que le prix avait dû être mis en rapport. « Il y avait un monde fou! »

Trouville avait la même veine!

Mais, il n'en était pas de même à Ostende.

Là, la plage était déserte : les hôtels ne voyaient pas de voyageurs; et quant au casino, il était bondé de grecs et de voleurs!

A Boulogne, le commencement de la saison avait été mauvais, très mauvais.

A preuve, l'écho suivant du 24 août :

« Quelques détails sur un coquin dont nous avons raconté les exploits dans un casino des bords de la Manche.

« Il a été chassé sans bruit du cercle d'une ville du Midi où il opérait pour le compte d'un tiers.

« On s'explique fort bien, maintenant, comment M. de C... mort il y a un an, perdit plus de cent mille francs en un mois. »

Heureusement, le coquin avait été chassé, et le *Gil Blas* s'était empressé, quelques jours après, de faire un article fort aimable pour le casino de Boulogne.

De même à Vichy, c'était la pleine saison, (le 6 septembre) et voici ce qu'il dit :

« C'est toujours au Cercle International qu'ont lieu les plus jolies réunions. Il y avait dîner hier, très élégant et parfaitement servi. Parmi les convives, nous citerons etc., etc »

La saison avait été tardive, — on le voit — à Boulogne, à Cabourg, à Vichy. Mais elle s'était améliorée après le premier écho paru sur ces villes ; elle s'était d'autant plus améliorée qu'elle était devenue très brillante... cinq ou six jours après !

Au contraire, à Ostende, elle avait empiré.

« Les aigrefins de la palette » qui avaient été signalés en Auvergne et à Luchon s'étaient précisément transportés en Belgique, depuis qu'on s'amusait fort au Mont-Dore et aux Pyrénées.

Et voici ce qu'en dit le *Gil Blas* du 6 septembre :

« C'est à Ostende que se sont réfugiés tous les philosophes de la terre. On ne fait pas un pas dans cette station sans rencontrer un de ces aigrefins de la palette.

« Si l'administration n'y prend pas garde, on verra éclater avant peu quelques scandales dans le genre de ceux qui ont eu lieu dans cette ville il y a quelques années et qui amenèrent l'intervention du Parquet.

« Il est évident que tous ces habiles philosophes qui sont là sous la direction du grand maître M... ne sont pas venus pour admirer la grande bleue, ils sont ici pour travailler, et ils *travaillent*.

« Du reste pour s'en convaincre, on n'a qu'à surveiller la villa X... ; c'est là qu'ont lieu les réunions de ces artistes qui se partagent chaque soir la besogne et chaque matin les bénéfices ».

La saison d'Ostende ayant pris fin sans que personne fût venu répondre aux avances ou aux menaces du *Diable Boiteux*, celle de Biarritz allait commencer.

On s'en aperçoit immédiatement en lisant le *Gil Blas* du 27 septembre :

« Copieuse distribution de *Perpignan*, hier, sur la terrasse d'un café des Champs-Élysées.

« Un jeune clubman, le baron R..., qui avait été indignement volé et dupé par un usurier, un des principaux chefs de la bande de filous qui a travaillé à Ostende et qui se prépare à en faire autant à Biarritz, a rencontré son exploiteur, et comme il avait à la main un *Perpignan* superbe, il a éprouvé le besoin de l'essayer en administrant à ce filou une correction magistrale. »

Mais à Biarritz, pas plus qu'à Ostende, on ne voulut condescendre aux désirs du *Diable Boiteux*.

Aussi, le 24 octobre, les « aigrefins de la palette » s'étaient transportés à Biarritz! Quels voyageurs!

Écho du 27 octobre :

« Biarritz est devenu depuis la fermeture des casinos le véritable rendez-vous de tous les aigrefins de la palette. Il paraît que les scandales d'Ostende ne sont que de la Saint-Jean auprès de ce qui se passe là-bas. On ne fait pas un pas sans rencontrer un philosophe, et c'est tellement vrai que la ville a pris le nom de Péloponèse.

« Il me semble qu'après les mesures qui ont été prises à Paris auprès de certains tripots, le préfet des Basses-Pyrénées pourrait bien prendre des mesures pour faire cesser cet état de choses. On joue un jeu d'enfer, la cagnotte en profite, je le sais bien, mais Biarritz mérite mieux que cela. Il est temps d'aviser, si on ne veut pas voir éclater quelque gros scandale. »

La collection du *Gil Blas*, en 1891, présente les mêmes observations. Je n'en signalerai que quelques-unes :

Écho du 25 août :

« De tous côtés nous arrivent des plaintes, au sujet de la tenue des croupiers du cercle international de Vichy.

« Ces chevaliers de la palette travaillent en veston au lieu d'être en habit, comme le veut le règlement de la sûreté générale. Est-ce que par hasard, le préfet de l'Allier ignore la chose qu'il tolère, ce qui ne se fait dans aucun département ? »

Écho du 25 août :

« Il n'est vent dans le monde des joueurs, non pas du vol de Trouville, mais d'une explication violente, survenue entre deux baigneurs complices, paraît-il, de cet ingénieux croupier.

« L'affaire n'ayant pu s'arranger, il paraît que ces deux philosophes ont mis flamberge au vent. Mais, rassurez-vous, la philosophie est sortie de ce combat sans la moindre égratignure ».

Écho du 3 septembre :

« Beaucoup de monde à Vichy. Le flot des visiteurs monte sans cesse, etc., etc. »

Echo du 9 septembre :

« Grande fête au casino de Luchon, superbe feu d'artifice. Jamais depuis vingt ans pareille affluence de monde ».

Echo du 13 septembre :

« On raconte des choses assez anciennes qui se seraient passées ces jours derniers dans un cercle-casino de station balnéaire. Il paraît qu'un individu, absolument inconnu, aurait été amené à ce casino pour travailler. Les fonds de cette entreprise auraient été faits par un ancien caissier d'un grand cercle de Paris. Le résultat a été merveilleux, et l'opération ayant rapporté de gros dividendes, presque aussi gros que le joueur, il a été décidé qu'on irait à Biarritz, cette terre promise de la philosophie ».

Echo du 15 septembre :

« Si certaines villes d'eaux ont eu à se plaindre de la saison, Ostende, en revanche, n'a qu'à s'en féliciter, car on n'a jamais joué plus cher que dans cette ville.

« Monte-Carlo est de beaucoup dépassé par Ostende ! »

Echo du 22 septembre :

« Le jeu continue à faire de nombreuses victimes.

« On nous écrit de Biarritz où la saison est à peine commencée qu'un malheureux, après avoir perdu tout ce qu'il avait et même ce qu'il n'avait pas au tripot, s'est pendu ».

« La chose curieuse, c'est qu'un Anglais se souvenant du pendu de St-Germain a emporté la branche à laquelle ce pauvre diable avait accroché la corde qui l'a conduit dans l'autre monde.

« Il va sans dire qu'on s'est également partagé la corde, car, comme dit la chanson, c'est toujours le bonheur dans la maison ».

« Néanmoins, il me semble que le préfet des Basses-Pyrénées devrait un peu voir ce qui se passe à Biarritz qui est chaque année le rendez-vous de tous les philosophes de la terre ».

Naturellement le *Gil Blas* avait publié une nombreuse série d'articles très bienveillants et même mirobolants sur tous les casinos qui l'avaient honoré d'un petit traité de publicité pour le journal, nonobstant la forte somme remise au chef d'orchestre qui dirige les échos.

On ne peut s'empêcher de faire aussi cette remarque, que le 25 août des plaintes arrivaient de tous côtés contre les croupiers du Cercle International de Vichy, que tous ces chevaliers de la palette avaient l'impudeur de travailler en veston, et que le 3 septembre, il n'était plus question que des flots de visiteurs qui débordaient à Vichy !

Inutile d'ajouter un mot de plus !

Tandis que quelques années auparavant, Ostende avait été désert, cette année, la station avait été florissante.

Ostende avait dépassé Monte-Carlo !

Au contraire, au Mont-Dore, Liane de Pougy s'y était trouvée très mal (!) et l'hotellier était prié de faire un peu de frais — à son hôtel ? ou aux échos du *Gil Blas?*

La Villa des Fleurs et le Grand Cercle d'Aix-les-Bains, Dieppe, Bourbonne-les-Bains, Luchon, Spa, Ostende, Trouville, St-Gervais, Dinard, et plusieurs autres stations eurent cette année les honneurs du *Diable Boiteux.* Si on voulait faire la moyenne, le chiffre serait gros.

Et c'est ainsi tous les ans ! Tous les directeurs de casinos de ville d'eaux le savent et tous — excepté Biarritz — ont accepté de payer cette dîme à ce noble particulier. D'aucuns diront que c'est de la publicité, et ils auraient raison s'ils ne s'agissait que de quelques échos payés au tarif des réclames; mais il n'en est pas ainsi, il faut payer une somme déterminée pour la publicité du journal, et une plus forte somme pour la belle voix du rédacteur chargé des échos.

En 1892, la direction du *Gil Blas* s'étant aperçue que le rédacteur échotier tirait des casinos plus d'argent que le journal lui-même fit paraître, dès le commencement de la saison estivale, le 25 avril, l'entrefilet suivant, en caractères italiques, destiné sans doute à forcer le chiffre de redevance payé par les casinos :

Notre collaborateur, M. le baron Ravault prie toutes les personnes qui auraient des renseignements à lui communiquer pour les arti-

cles qu'il va publier sur la tenue des cercles des villes d'eaux, de vouloir bien les lui faire parvenir au bureau du journal.*

Ce même jour, 25 avril, paraissait dans les échos l'article suivant :

« Paris et ses grands cercles ne sont pas les seuls lieux où rayonne la philosophie... des cartes. Nous avions bien prédit que l'homme Protée (le célèbre Hardisson) ferait encore parler de lui. Il a seulement changé ses batteries, et, trop connu aujourd'hui dans son pays, c'est l'étranger qu'il exploite.

En effet, on nous écrit de Rome qu'après un séjour fructueux à Montreux, le susdit philosophe s'est rendu ces jours-ci dans la capitale de l'Italie.

« Cette fois, le succès n'a pas répondu à ses espérances, et le cercle qu'il avait choisi comme théâtre de ses exploits, a été fermé par la police après une interpellation à la Chambre où ses manœuvres ont été justement flétries.

« On le voit, si la France fournit à l'Italie ses artistes philosophes, l'Italie nous le rend avec usure.

N'est-ce pas elle, en effet, à qui nous devons les personnages haut titrés, qui écument impunément, depuis des années, un des plus grands cercles de Paris ? »

Cette histoire plus ou moins vraie sur Hardisson, parue dans le même numéro où le baron Ravault (?) demandait des renseignements, est une indication précieuse sur les nouvelles que le *Gil Blas* était désireux d'avoir.

Or, ces nouvelles, tout le monde sait qu'on les invente et qu'on les trouve facilement pour les stations thermales qui refusent d'acquiescer aux exigences de l'échotier du *Gil Blas* — lorsqu'elles ne se produisent pas réellement.

Il y a toujours « les aigrefins de la palette » pour voyager au gré de ce monsieur, soit en Auvergne, soit aux Pyrénées soit sur les bords de la Manche !

Aussi, le 5 mai, on peut lire cet écho dans le *Gil Blas* :

« Les scandaleux tripotages qui se sont passés au cercle d'Ostende à l'époque où les frères Curnier dirigeaient cet établissement, viennent d'avoir leur épilogue. Après le procès de Bruges, il fallait s'attendre à la révocation du bourgmestre. Elle s'est un peu fait attendre, mais aujourd'hui, c'est fait, car on lit dans le journal officiel de Bruxelles : M. Montangie est révoqué de ses fonctions de bourgmestre d'Ostende.

La chose extraordinaire, c'est que la municipalité de Boulogne n'a pas craint de confier la direction du casino de cette ville aux frères Curnier ».

Le 16 mai, le *Gil Blas* revenait à la charge dans l'écho que voici :

« Dédié à ces messieurs de l'Epatant :

« Ce qui suit s'est passé l'année dernière au Kursaal d'Ostende, et nous a été révélé en audience publique du tribunal correctionnel de Bruges, au mois de mars dernier.

« Je cite, sans commentaire, — tout commentaire étant superflu :

Le parquet de Bruges se fit produire les archives du cercle ; en apparence tout était régulier ; en réalité, le caractère du cercle était absolument dénaturé. Les présentations étaient contresignées par des personnes qui ne connaissaient absolument pas les postulants.

« M. X...., membre du comité du cercle privé a signé la présentation de trente-cinq membres. A l'instruction, il déclare ne connaître de ce nombre que trois personnes.

M. Z...., président du comité, a présenté quatorze membres. Il en connaît à peine un seul.

M. V...., vice-président, a signé les demandes d'admission de huit personnes sur le vu de leur carte de visite remise au secrétaire.

« M. M.... a présenté quinze membres, et, parmi eux, un repris de justice condamné par le tribunal de Bruges pour vol à la tire. Il a également présenté des femmes qui ont été expulsées plus tard. Des demoiselles ont été exclues pour ébriété ! (Rires dans la salle d'audience).

« On a ri. Il y avait de quoi !

« Le joli dossier, en vérité, que celui des cercles et casinos ! ».

Pendant un mois, il ne fut plus question du Casino de Boulogne, dans les échos du *Diable Boiteux*. Ce silence pourrait être considéré comme une présomption de la *pression* exercée.

Oserait-on déclarer qu'il ne s'était rien passé ?

Le *Gil Blas* du 26 juin se chargea de faire la preuve du chantage.

Voici l'écho publié à cette date :

« Grande affluence de baigneurs à Boulogne-sur-Mer, où les fêtes du Casino Municipal se succèdent avec un éclat toujours croissant; bals en plein air, dans les jardins fréquemment illuminés, concerts artistiques et feux d'artifice, tel est, avec les représentations théâtrales, habilement dirigées par M. Taillefer, le programme des attractions d'hier, prémices de celles de demain.

Le brillant début de la saison est la consécration des efforts accomplis par les nouveaux fermiers du casino pour justifier l'universelle renommée de notre première station balnéaire ».

Je ne veux pas ajouter que je sais ce qui s'est passé et comment avait été faite la négociation.

Tout le monde doit être édifié !

Et maintenant quel est ce baron Ravault ?

* *

Au mois de février 1885, une petite feuille hebdomadaire, le *Canis-Club*, publia, sous la signature du marquis de Talleyrand-Périgord le portrait suivant :

LE BARON DE VAUX

« Le baron de Vaux, ancien officier de cavalerie, a 40 ans, mais il paraît en avoir 30 à peine. De taille moyenne et bien prise, il a toujours gardé dans la coupe de ses vêtements la tournure de l'officier en bourgeois. La figure, intelligente et martiale, est très sympathique. Le front est haut, les yeux clairs ont une expression de volonté extraordinaire. Ils sont souvent voilés par de longs cils et prennent alors un aspect doux et féminin ; le nez est droit, la bouche moqueuse est surmontée de moustaches qu'il porte toujours cirées comme au beau temps de sa carrière militaire. Ces deux pointes menaçantes complètent son portrait.

« Excellent cavalier, il fut nommé au choix sous-maître de manège à l'école de Saumur par le commandant Guérin, écuyer en chef de cette école et dont il était l'élève favori.

« Je me souviens du grand carrousel de 1863 où ses passes brillantes furent très admirées.

« Bien campé, bien assis, faisant corps avec sa monture, nul ne portait mieux que lui le costume si gracieux des écuyers de Saumur. C'est à un des concours de cette école qu'il obtint le premier prix de tir au pistolet.

« Chez Gastinne-Renette, le tireur prend son temps, a en main une arme de précision, connaît sa distance.

« Dans nos régiments et nos écoles de cavalerie le pistolet d'ordonnance remplace l'arme spéciale, le mouvement du cheval dérange la main, le tir s'exécute au pas, au trot et au galop.

« Un premier prix obtenu dans de telles conditions est donc chose mémorable.

« A cette époque, le baron délaissait un peu la salle d'armes et c'est au pistolet qu'il eut son premier duel avec un de ses camarades de Saumur qui fut blessé dans cette rencontre.

« Mais, depuis plus de dix ans, le baron de

Vaux s'est adonné avec passion à l'escrime, fréquentant assidûment la salle Caïn où ses jarrets d'acier, son bras infatigable, son poignet rapide lui ont valu la réputation méritée de tireur de premier ordre, bien qu'il lui convienne peu de se montrer en public.

« Le baron de Vaux a fait comme officier de dragons les campagnes d'Italie et de 1870. Pendant cette dernière guerre il était officier d'ordonnance du général Rose et prit part à tous les combats sous Paris. Blessé d'un coup de feu à Champigny, il fut fait prisonnier et conduit en Silésie. Après une longue captivité il revint en France et donna sa démission.

« Le caractère du baron de Vaux est un des plus originaux que je connaisse. Habitué au commandement, très despotique, il demande toujours un sabre. Nous lui pardonnons volontiers cette marotte innocente.

« Familiarisé avec tous les sports, le baron chasse toute l'année, patine à rendre des points à Henri Cartier et a vaincu à la nage Sir John Hucklesby, le plus habile nageur du Royaume-Uni.

« Avec Guy de Maupassant il a accompli à Etretat, l'été dernier, de véritables prouesses, parcourant à la nage jusqu'à deux lieues en mer.

« Aujourd'hui, le baron de Vaux est journaliste et fait partie de la rédaction du *Gil Blas*.

« Comme tel, nous l'abandonnons à notre éminent collaborateur Guy de Maupassant, qui se propose de le *portraicturer* très prochainement.

« MARQUIS DE TALLEYRAND-PÉRIGORD. »

Je ne saurais dire quel fut le plus mystifié de celui qui écrivit cet article ou de ceux qui l'ont lu. Je crois que ce furent l'un et les autres.

En effet, ce baron n'a jamais été baron, ni noble. Il est roturier, de la roture la plus modeste, ce dont on ne saurait lui faire un crime, s'il n'avait eu la prétention de descendre des Croisés.

Jamais il n'a été officier, pas plus de cavalerie que d'infanterie.

Il a bien été parmi les gens de la Commune, en 1871, mais il n'y figurait ni comme officier, ni comme soldat ; il était, paraît-il, simplement « rat de cave. »

C'était moins dangereux, et je connais des gens qui l'ont entendu invectiver fortement les misérables Versaillais de l'époque.

Aussi, j'ai précieusement conservé le portrait de ce faux gentilhomme, comme un spécimen du *puffisme* le plus curieux ; mais je plains sincèrement celui qui l'a écrit de bonne foi, sans se douter de la réalité des choses.

Je passe sur l'incident qui est arrivé vers 1874 à M. Baron, lorsqu'il fut exécuté dans l'*Evénement*, à l'occasion d'un incident plus ou moins délicat.

Et j'arrive au moment où il devint le collaborateur du *Gil Blas*.

Il n'était plus M. Vauquelin, nom sous

lequel beaucoup de gens le connaissaient, il était « Monsieur le Baron. »

A ce propos, que je raconte une bien jolie anecdote du personnage :

Un jour, ayant envoyé le chasseur du *Gil Blas* faire une course chez lui, et la réponse qu'on lui rapportait ne le satisfaisant pas, il s'écria devant tous ses collaborateurs : « L'imbécile, il a vu la douairière, et il a cru que c'était la baronne ! »

Le comble est qu'il s'est trouvé un ministre de l'Agriculture pour lui donner le ruban de chevalier du Mérite agricole, sous ce faux nom de « baron de Vaux, » et cette nomination arrachait cette exclamation de surprise à l'un des hauts fonctionnaires de la préfecture de police : « Pourquoi donc les ministres ne nous demandent-ils pas des renseignements avant de décorer quelqu'un ! »

L'arrêté du ministre de l'Agriculture est ainsi libellé :

VAUX (Baron de), publiciste.

Et à la table des matières, il y figure ainsi à la lettre V :

VAUX (le baron de).

Après tout, puisqu'il était décoré de quelque chose, autant valait que ce fût pour l'élevage des animaux domestiques.

Ne s'occupe-t-il pas spécialement de l'élevage des chameaux parisiens?

Quant au directeur actuel du *Gil Blas*, je ne veux pas en parler autrement que pour reproduire la liste ci-dessous, qui fut envoyée, la veille d'une assemblée d'actionnaires, à la plupart des porteurs de titres de la Société. M. Albiot n'était pas encore directeur, il était seulement membre du conseil d'administration, avec M. Desfossés, ancien banquier. Celui-ci se contente du titre de président du conseil d'administration, mais il est en réalité le véritable directeur, car tout passe par lui, depuis les petites annonces malpropres jusqu'aux échos de son estimable collaborateur. Naturellement, M. Desfossés est décoré.... pour services exceptionnels. Il est collectionneur de faux Téniers et de gaz de Mulhouse, et il est aussi cuistre que riche.

Voici la liste des Sociétés créées par M. Albiot, et je me borne à reproduire:

Toutes ces Sociétés, fondées par A. ALBIOT et ses comparses, sont ou ont été en faillite ou en liquidation.

---

1. — *Syndicat des Obligataires du Chemin de fer de Perpignan à Prades.* — (MM. Albiot et Brasseur). Échange des coupons contre des bons de liquidation. Le coupon N° 9 qui était payable

espèces et que M. Albiot a touché de la Compagnie n'a pas été payé aux ayants droit.

2. — *Charbonnages de Namur.* — (Administrateurs : MM. Albiot, Peeters, Brasseur). La souscription a rapporté environ 300,000 fr. qui ont servi à créer la Banque française de crédit, MM. Albiot et Brasseur n'étant nullement en position de faire le versement du quart du capital de la Banque.

3. — *Imprimerie de Boulogne.* — (Administrateurs : MM. Albiot, Brasseur; Boyer, directeur). Circulaire annonçant faussement aux obligataires une hypothèque sur l'immeuble de l'Imprimerie, tandis que la Société n'était pas propriétaire du dit immeuble qui ne pouvait par conséquent, être hypothéqué.

4. — *Banque Française de Crédit*, créée en décembre 1876 au capital de 2,225,000 fr., au 14, rue de Châteaudun, et transférée au 5, rue Drouot ; (Administrateurs : MM. le baron de Prulay, Brasseur ; administrateurs-délégués : Albiot, Peeters, Gouron, Boisvert.) Propriétaire de deux journaux financiers « L'Ami de l'Epargne » (des autres) et le « Moniteur des porteurs d'obligations ». C'est au moyen de ces deux journaux créés et exclusivement dirigés par Albiot que toutes les émissions ont été faites.

D'ailleurs M. Albiot était l'âme de la Banque, il en était l'inspirateur et toutes les combinaisons ont été faites et exécutées par lui. En réalité M. Brasseur, quoique administrateur délégué, n'était que l'exécuteur d'Albiot et ne s'occupait que de l'administration intérieure des bureaux.

C'est au moyen de ces deux journaux financiers, lancés dans le public à un nombre considérable d'exemplaires par Albiot et exclusivement dirigés par lui, que toutes les émissions des Sociétés dont suit la dénomination ont été faites et en partie réalisées. Albiot était l'âme de cette Banque, il en était l'inspirateur et toutes les combinaisons ayant pour but de faire arriver l'argent dans ses poches (aux dépens même de ses co-associés) ont été faites et exécutées par lui. En réalité quand le parquet est intervenu pour faire fermer cette Banque sur les plaintes réitérées des nombreuses victimes dont elle avait causé la ruine et qu'*Albiot et Brasseur ont été arrêtés*. Albiot a trouvé moyen de se faire relâcher moyennant caution, tandis que Brasseur, qui n'était que l'exécuteur des hautes œuvres d'Albiot, a subi une longue détention et est mort après sa sortie de prison.

5. — *Société Générale d'Imprimerie et de Librairie*. — (Imprimerie de Boulogne transformée). Administrateurs : MM. Bourgain, Albiot, Brière; Boyer directeur. Émission importante d'actions et d'obligations. Echange de titres de l'imprimerie de Boulogne contre des titres de la nouvelle Société (Nota : Introduction officielle de Bourgain à la Banque).

6. — *Compagnie Générale des Omnibus de Marseille*. — Capital actions 4,000,000 de francs, 30,000 obligations remboursables à 250 fr. Administrateurs : MM. Nogués, Albiot; administrateur-délégué, Peeters, un peu avant la fin. Brasseur fils et Poggi. Apports importants partagés entre

MM. Albiot, Bourgain, Brasseur et Peeters. Tripotages de toutes sortes.

7. — *Société des Mines de fer manganésifère du Vernet.* — Capital social 500,000 fr. (Administrateurs : MM. Cheuret, Bourgain ; administrateurs-délégués : Gouron, Boisvert ; Albiot commissaire). Apport par Brière moyennant 800 actions libérées réalisées par moitié entre MM. Albiot et Brasseur. M. Bourgain commissaire vérificateur des apports.

8. — *Société des Mines de fer manganésifère d'Escoumps.* — Capital social, 500,000 fr. (Administrateurs : MM. Noguès, Bourgain ; Albiot administrateur-délégué). Apport par Brasseur fils réalisé par moitié entre Albiot et Brasseur.

9. — *Société des Mines et Usines du Canigou.* — Capital social 2,075,000 fr. (Administrateurs : MM. Cheuret, Albiot ; administrateurs-délégués, Noguès, Peeters, Poggi). Cette Société a été formée des deux précédentes. M. Albiot est parvenu à se rendre maître de l'actif de la Société au moyen de combinaisons frauduleuses.

10. — *Société des Kaolins de Limoges et de la Haute-Vienne.* — (Administrateurs : MM. Peeters, Albiot, administrateur-délégué ; Albert Corret, directeur). Cette Société a fusionné avec celle ci-dessous.

11. — *Société française pour la fabrication de la porcelaine.* — (Administrateurs : MM. Welmacker, Brasseur fils ; administrateurs-délégués, Brière, Descoings. Capital social 1,425,000 fr.

12. — *Compagnie d'Entreprise Générale de cons-*

truction et de Travaux publics. — Capital social : 18,000,000. Administrateurs : MM. le baron de Prulay, Bourgain; administrateurs-délégués, Brasseur, Albiot, Brière.

13. — *Société anonyme de la sucrerie de Nangis.* Capital 1.060.000 fr. Administrateurs : MM. Peeters, Albiot, administrateur-délégué......, etc., gâchis.

14. — *Syndicat Albiot pour l'exploitation de Nangis*, formé de MM. Albiot, Brasseur et Peeters. Tripotage complet.

15. — *Société Française de la Diffusion.* Capital social : 500.000 fr. Administrateurs : MM. Brière, Poggi, administrateur-délégué, Descoins. (Cette Société a été formée par MM. Albiot et Bourgain).

16. — *Société civile propriétaire de l'Etablissement thermal de Vernet-les-Bains.* Administrateurs : MM. Albiot, Bourgain, Brasseur. Société qui a absorbé en partie les fonds de toutes les autres Sociétés. Cette Société a été transformée en Société foncière et immobilière des Pyrénées-Orientales.

17. — *Compagnie fermière de l'Etablissement thermal de Vernet-les-Bains.* Capital social : 500.000 fr. Administrateurs : MM. Fremyn, Poggi, administrateur-délégué, Chenet. Société fondée par M. Fremyn (Albiot Bourgain).

18. — *Société générale des Usines pour la fabrication du sulfo-carbonate de potassium.* Capital social 3.000.000 fr. Administrateurs : MM. Albiot, administrateur-délégué, Brière, Descoings.

19. — *Société française pour la destruction du Phylloxera*. Capital 4.000.000 fr. Administrateurs : MM. Albiot…, etc.

20. — *Société de chauffage de Clichy, Paris*. Cette Société a été créée vers la fin de la Banque, alors que M. Albiot n'en faisait plus partie.

21. — *Société d'électricité*. (Mildé et C°), même observation que dessus.

22. — *Société Foncière et Immobilière des Pyrénées-Orientales*. Capital social : 4.800.000 fr. Administrateurs : MM. Albiot, Bourgain…, etc.

23. — *Société anonyme des pâtes et papiers de l'Ain*. Cette Société a été créée et amenée par M. Bourgain. Elle n'est pas une création directe de M. Albiot qui ne s'en est pas mêlé. Elle ne concerne que MM. Bourgain et Moiriat.

24. — *Poggi et Cie. Banque*. Capital : 400.000 fr. Commanditée par MM. Albiot et Bourgain. M. Poggi, gérant.

25. — *Brière et Cie Tramways de Nice*. Capital : 50.000 fr. Commanditée par Poggi et C°. Cette Société a été liquidée frauduleusement par M. Albiot et apportée par lui, en qualité de liquidateur, à une nouvelle Société anonyme des Tramways de Nice.

26. — *Chabert et Cie*. Capital : 60.000 fr. Chabert, gérant. Commandité par Poggi et C°.

27. — *Société Foncière et immobilière des Pyrénées-Orientales*. Capital 4.800.000 fr. MM Albiot et Bourgain.

— 300 —

28. — *L'Étoile*, journal. Société fondée par Albiot au capital de 24.000 fr., le 1er octobre 1886. Liquidation judiciaire du 4 novembre 1886.

29. — *Le Canigou*, journal. C. Larrieu et Cie. Capital 60.000 fr. Albiot, fondateur et commanditaire. C. Larrieu n'est qu'un employé prête-nom.

30. — *Société de Publication d'exploitation de journaux*. Capital 50.000 fr. Cette Société a été constituée par Albiot sous la raison sociale Pauwels, directeur, qui n'est que son employé, pour échapper à toutes les saisies et poursuites judiciaires, le loyer du bureau, 108, rue Richelieu, étant au nom de ladite Société. *C'est là qu'Albiot opère.*

A cette liste il manquait un 31e numéro : la faillite personnelle de M. Albiot.

Il se croyait bien à l'abri de ce côté, et il venait de faire mettre son nom sur la manchette du *Gil Blas*, comme directeur, le 1er décembre dernier, lorsque, le 8 décembre, les *Petites Affiches* portèrent cette mention sur la liste des déclarations de faillite de la veille :

ALBIOT, ancien entrepreneur général de constructions et de travaux publics, à Neuilly (Seine), boulevard Bineau, 95, actuellement 39, rue Lamarck.

Cet ancien entrepreneur est le directeur actuel du *Gil Blas*.

Je dois ajouter que pendant plusieurs

années, un journal financier de Paris, la *Bourse*, avait porté régulièrement, dans chaque numéro, une rubrique qui, spécialement, s'occupait de M. Albiot et de ses affaires. Voici quel était le titre de cette rubrique :

Sus aux voleurs !

On voulait sans doute le faire chanter.... mais il n'a jamais eu de voix pour répondre !

CHAPITRE XIX

L'Affaire Allez. — La divulgation par le *XIX° Siècle*. — Les rumeurs et les détails dans tous les bureaux de rédaction. — Les démarches de Canivet et de ses amis pour étouffer l'affaire. — La plainte de M. Canivet. — La visite de M. Allez fils à un directeur de journal. — La répétition du coup Arton-Floquet. — Le mandat de comparution et la voiture ministérielle. — La perte au jeu de M. Canivet. — Un ami de MM. Allez. — Une conversation avec M. Hebrard. — Arrestation de M. Canivet. — M. Canivet et le Crédit Foncier. — Un scandale plus fort que Panama. — L'affaire Sarda-Hemerdinger. — La version de De Clercq. — L'apéritif chez Durand. — La visite à Hemerdinger. — Le reçu de 2,000 francs. — Le Syndicat Hemerdinger. — Il est encore temps de faire la lumière. — L'affaire! Ruel. — Le Syndicat de l'Exposition de Lyon. — La caisse électorale des ministres de l'Intérieur. — Les fonds secrets sont à la rue des Capucines !

Depuis plus d'un mois, il est beaucoup question de l'affaire Allez dans toute la presse. Pour arriver à la connaître imparfaitement, il a fallu un mois et de longs efforts.

Le premier journal qui signala cette scandaleuse affaire, fut le *XIX° Siècle*.

Cette divulgation arriva justement le lendemain du jour où plusieurs journaux avaient annoncé la plainte portée pour chantage contre MM. Portalis et Girard. Comme tout se sait, au bout de quelques jours, dans le monde de la presse, on ne tarda pas à apprendre qu'il s'agissait d'une affaire de fraude dans une fourniture militaire, et qu'il s'était formé un véritable syndicat pour faire payer aux fournisseurs le silence de leurs journaux et la bienveillance du Gouvernement. On sut que les fournisseurs étaient MM. Allez, et, de plus, quels étaient les noms des directeurs de journaux désignés. Tout le monde répétait ces noms. Dans toutes les rédactions de journaux, on donnait des détails précis.

Qu'y avait-il de vrai?

N'ayant aucune preuve à fournir, personne ne voulait se porter garant, ni de la culpabilité des uns, ni de l'innocence des autres. J'ai entendu l'un de ces directeurs me déclarer formellement qu'il n'était pour rien dans l'histoire, alors que tout le monde précisait le chiffre qu'il avait touché. Je n'étais pas juge d'instruction, et je n'avais pas le moyen de trouver les preuves d'un chantage, si chantage il y avait; je n'étais pas non plus sénateur de la Seine pour aller me suspendre à la sonnette de la présidence du Conseil, plusieurs fois par jour, afin d'écarter l'épée de Damoclès que M. Doppfer tenait suspendue sur la tête de ces directeurs de journaux.

Ce qui était certain, ce que nul ne peut nier, c'est que des accusations formelles de chantage ont été portées contre ces directeurs de journaux et notamment contre l'un d'eux, M. Canivet, qui cependant a eu l'aplomb d'intervertir les rôles et de demander à la justice de poursuivre ceux qui l'avaient accusé.

Et depuis ce moment, tout ce qui s'est produit à l'instruction, tout ce qui est survenu au cours des débats du procès de fraude a été la preuve évidente des efforts qui étaient faits pour sauver les directeurs accusés d'avoir fait chanter MM. Allez, de la somme de cent mille francs.

Le lendemain du jour où M. Portalis a divulgué dans le *XIXᵉ Siècle*, la nouvelle de ce scandale, des démarches ont été immédiatement faites dans beaucoup de journaux pour demander d'étouffer l'affaire et pour qu'il n'en fût pas parlé. Cet effort aurait même été couronné de succès si la *Dépêche de Toulouse*, suivie par l'*Intransigeant* et par la *Petite République*, n'avait continué à crier au scandale et à réclamer la lumière.

Dans la plupart des bureaux de rédaction, on connaissait le rôle de chacun dans l'aventure, cependant personne n'osait en parler, puisqu'on avait promis d'étouffer.

Une démarche a même été faite, je puis dire par qui, — par M. Canivet — auprès du correspondant parisien de la *Dépêche* pour empêcher la continuation de sa campagne. Elle n'a pas abouti. On a cru alors qu'il serait possible de faire cesser les rumeurs, en constituant le Comité de la Presse en jury d'honneur, et le résultat a été encore négatif. Il était permis d'espérer que le Parquet agirait d'office à ce moment pour éclaircir le mystère. Le Parquet n'a pas bougé; et c'est avec un éclat de rire qu'on s'est réveillé un beau matin en lisant la nouvelle que le Parquet était disposé à instruire... à la suite d'une plainte déposée par M. Canivet lui-même, contre ceux qui le mettaient en scène.

Procédure bizarre! Le Parquet n'avait nullement besoin de cette plainte pour commettre un juge d'instruction. Lorsque l'opinion publique est émue par la divulgation vraie ou fausse d'un scandale délictueux, il n'est pas besoin d'un accusé pour faire rechercher la vérité. Cette interversion du rôle suffit pour justifier la suspicion d'une telle manière d'agir.

Aussi tout le monde se demandait si M. Doppfer parviendrait à découvrir la vérité. On a même craint qu'il ne tombât malade avant d'avoir découvert les coupables. Ce qui est certain, c'est que le juge d'instruction aurait appris depuis longtemps ce qu'il en était, s'il n'avait été arrêté par les amis de M. Canivet et consorts ; ce n'est point dans les perquisitions ridicules, avec grand renfort d'agents, qu'il pouvait chercher la preuve dans les journaux ; car, lorsque les directeurs font un coup de chantage, ce n'est point pour en laisser la trace dans les livres de comptabilité des journaux.

La vérité pour moi était celle ci :

M. Allez fils qui, tout cet été, faisait la fête à Bougival avec l'un des directeurs compromis, était venu voir celui-ci à son journal et lui avait demandé d'intervenir auprès du gouvernement pour étouffer l'affaire des fournitures de bidons ou de réservoirs.

Le directeur, à qui il demandait de faire cette démarche auprès de M. Dupuy, répondit qu'il n'était pas très bien avec le ministre et qu'il ne le pouvait. Mais, aussitôt, il proposa d'aller voir un de ses confrères qui, lui, était au mieux avec le président du Conseil. On trouverait des gens pour constater que cette visite a été faite.

M. Allez fils et le premier directeur sont immédiatement allés voir le deuxième directeur. Celui-ci a accepté et est allé trouver M. Dupuy, qui, sans connaître l'affaire, s'est empressé de promettre de tout arranger, puisqu'il ne s'agissait que d'une affaire peu importante, — c'est du moins ce qu'on lui disait.

Mais les deux directeurs n'ont rien voulu faire sans y trouver leur profit personnel, — l'occasion était d'ailleurs trop tentante pour des gens habitués à ce genre de commerce.

« Tout est arrangé du côté du gouvernement, ont-ils dit, sans doute, à M. Allez fils, mais il faut parer les attaques possibles du côté de la presse. C'est cent mille francs qu'il faudra. »

C'était, d'ailleurs, le même coup que pour les trois cent mille francs de l'affaire Arton-Floquet. C'étaient les mêmes acteurs. C'était aussi la même manière de procéder.

Une somme d'argent a-t-elle été déboursée par la maison Allez ? A-t-elle été restituée ? Ne l'a-t-elle pas été ? A-t-on masqué le chantage derrière un traité de publicité ?

Voilà ce que tout le monde a voulu savoir. Voilà ce que l'on n'a pas voulu dire. Voilà ce que l'on n'a pas recherché d'abord, du moins avec l'intention de le découvrir !

D'autre part, les démarches réitérées au ministère de l'Intérieur de personnages, amis connus des directeurs visés, étaient la preuve évidente qu'il y avait quelque chose que l'on cachait, que l'on voulait étouffer. Si ces gens-là n'avaient rien eu à redouter, ils ne se seraient pas remués aussi ostensiblement. Quoi qu'on ait fait pour détourner l'attention, il était visible que l'opinion publique commençait à reconnaître que la justice n'était pas égale pour tous.

Tandis qu'on mettait les menottes à M. Camille Dreyfus, pour le mener chez le juge d'instruction, on envoyait M. Clément faire une perquisition avec exécution d'un mandat de comparution, et au moment où tout le monde croyait et était persuadé que le mandat de comparution allait être transformé en mandat de dépôt, on a été tout surpris d'apprendre qu'à ce même instant, une voiture conduite par un cocher à cocarde tricolore venait d'arriver au Palais de Justice, et qu'il n'en avait pas fallu moins pour arrêter la signature de M. Doppfer sur le mandat de dépôt. Était-ce vrai ? Je l'ignore.

N'était-ce pas le personnage qui assiégeait plusieurs fois par jour la porte du cabinet de M. Dupuy, qui, encore cette fois, avait arrêté le cours de la justice ?

Tous ces mystères, tous ces subterfuges ont fait ressembler cette instruction à celle qui fut ouverte pour l'affaire de Panama, avant la découverte des preuves qu'on cachait et dont le but était de masquer la vérité au lieu de la rechercher.

Dans toutes les rédactions de journaux, on racontait cependant que l'un des directeurs visés, M. Canivet, avait précisément fait une grosse perte d'argent au jeu, à la date qui était indiquée comme étant celle où MM. Allez auraient fait le versement. Pourquoi n'a-t-on pas immédiatement recherché si le fait était exact ? On arrête tous les jours de pauvres diables, qui ne veulent pas dire la vérité, lorsqu'ils sont cités comme témoins. Pourquoi n'a-t-on pas fait envisager la même éventualité à ceux qui étaient accusés d'avoir versé l'argent et qui ne voulaient pas le déclarer ? Cela portait à dire que si M. Trocart avait encore été directeur de la *Paix* il n'aurait pas été arrêté, et que si M. Camille Dreyfus avait été ministériel, il ne serait pas à Mazas.

Je crois savoir que M. Doppfer avait des présomptions depuis plusieurs jours sur la culpabilité de M. Canivet et de ses amis, dans l'affaire Allez. Il sentait qu'il était la dupe de ceux qu'il interrogeait et qui ne voulaient pas divulguer la vérité.

D'autre part, des influences très puissantes arrêtaient la marche de ses investigations. Il ne pouvait donc agir avec énergie qu'au moment où il aurait la preuve matérielle du chantage.

Par sa ténacité, par son habileté, a-t-il pu enfin la découvrir ?

Un fait est en tout cas certain, c'est la démarche du fils Allez auprès de certains directeurs pour empêcher, par des influences gouvernementales, le procès intenté par le ministre de la Guerre.

Le jour même où l'affaire Allez s'ébruita, j'avais rencontré un ami de MM. Allez, et je l'avais abordé en lui demandant ce qu'il savait de l'affaire Allez ?

Il me répondit par ces mots :

« Voici la liste de ceux qui ont touché avec le détail des sommes. »

Et il ajouta :

« On étouffera l'affaire. On masquera le tout derrière un traité de publicité ! »

Mais c'était là un résultat des bruits qui couraient dans les rédactions de journaux.

En effet, j'ai entendu raconter qu'on s'était adressé à quelqu'un pour lui demander si la chose était faisable. Et celui-ci, sans l'affirmer, opina qu'il serait nécessaire, en tous cas, de faire passer le traité de publicité par une des agences de la place de la Bourse. Je crois que la chose fut reconnue impossible. Il aurait fallu falsifier la comptabilité. Mais on fit peur à MM. Allez, et on les convainquit de la nécessité, dans leur propre intérêt, de ne rien dire, même chez le juge d'instruction.

Le jour où, pour la première fois, il fut question de la fuite de M. Portalis ; tandis que les journaux ne donnaient que quelques nouvelles vagues, et n'osaient encore affirmer le fait, je fus accosté dans la salle des Pas Perdus, au Palais Bourbon, par M. Hébrard, président du Syndicat de la Presse. Il avait appris que j'étais au courant de l'affaire Portalis, et notamment que la veille au soir j'avais porté au *Figaro* l'article qui parut le lendemain, racontant tous les détails des chantages du *XIX° Siècle*.

M. Hébrard me demanda de lui dire tout ce que je pouvais savoir. Je l'ai fait. Et après cette explication, il me posa cette question :

— Et Canivet ?

— Canivet, lui dis-je, on prétend que c'est lui qui a trituré l'affaire Allez ; quant à moi je n'en sais rien de précis.

— Cependant, me répondait M. Hébrard, il jure qu'il n'y a rien de vrai ; et il vous accuse d'être l'instigateur de la campagne entreprise par la *Dépêche de Toulouse* contre lui.

— Baïhaut aussi, ai-je répliqué à M. Hébrard, se prétendait innocent, et il avait l'audace de choisir pour le représenter et faire croire à sa probité, les gens les plus impeccables. Et cependant.....!

M. Hébrard ne put que me répondre : « C'est vrai ! »

Le lendemain, au Syndicat de la presse, M. Canivet protestait de son innocence.

Et il annonça qu'il était décidé à porter plainte contre ses accusateurs. Ce fut contre M. Dutailly que cette plainte fut adressée au parquet.

Enfin, M. Canivet a été arrêté !

M. Doppfer a mis, disait-on, aussitôt, la main sur les chèques acquittés par M. Canivet lui-même.

Or, c'était inexact ; M. Canivet était arrêté pour avoir fait chanter M. Charles Bertrand.

Et maintenant que le principal acteur de cette affaire est sous les verrous, il me reste à poser une question dont tout le monde comprendra la portée.

M. Canivet a été pendant six ou sept ans l'homme à tout faire du Crédit Foncier.

Il a fait distribuer, en cette qualité, des sommes énormes, et sans vouloir rechercher s'il les a données intégralement ou s'il en a gardé une partie, où s'il n'a été qu'un négociateur, voudra-t-on faire connaître pourquoi et à quel titre on faisait ces largesses ?

Il ne s'agit plus dans ce cas spécial, des sommes affectées aux besoins de la publicité financière ; cette publicité a toujours été distribuée par MM. Batiau et Privat ; je veux parler des sommes que M. Canivet a soutirées du Crédit Foncier, soit pour l'achat du

Paris, soit pour les besoins de l'existence de cette feuille, soit pour toutes les autres subventions qui ont été prodiguées et pour lesquelles M. Canivet a été un intermédiaire officieux.

Ce point particulier mérite l'attention publique.

Mais je ne veux pas me leurrer d'un espoir qui serait déçu, car c'est peut-être pour éviter cette divulgation qu'on essaiera de sauver M. Canivet, comme on a tenté d'empêcher son arrestation.

Le jour où un juge d'instruction honnête et consciencieux mettra le nez dans les affaires que cache le livre de la prétendue publicité du Crédit Foncier, nous assisterons à un scandale plus fort que celui de Panama.

Tôt ou tard ce moment arrivera..... à moins qu'on ne se décide à supprimer ces pratiques coupables, qui constituent sous le couvert d'une prétendue publicité, les véritables fonds secrets du ministère de l'Intérieur.

**

L'affaire Sarda-Hemerdinger a eu son épilogue devant la justice, il y a deux ans.

Ce fut De Clercq et un autre comparse qui payèrent pour les autres.

Voici comment De Clercq a raconté plus tard la véritable version de cette affaire.

De Clercq, étant chargé au *XIXe Siècle* des informations de police et du Palais, eut connaissance de l'arrestation de M. Sarda. Il en prévint aussitôt M. Portalis, et aussi cinq autres de ses confrères, chargés du même service que lui dans plusieurs journaux.

M. Portalis dit à De Clercq : « Suivez l'affaire et allez voir M. Hemerdinger, l'associé de la maison Hemerdinger et Sarda, et demandez-lui des renseignements. »

En effet, De Clercq se rendit chez M. Hemerdinger, et lorsqu'il fit cette démarche, il s'y rendit accompagné des trois ou quatre confrères qui l'attendaient à la porte, pour connaître les renseignements que M. Hemerdinger pouvait fournir.

Lorsque De Clercq sortit, il déclara à ses confrères que M. Hemerdinger n'avait rien voulu lui dire ; qu'au contraire il l'avait prié de ne pas parler de l'arrestation de M. Sarda. Et De Clercq ajouta ceci : « C'est un homme qui m'a fait l'effet de vouloir donner de l'argent pour qu'on ne parle de rien ».

Le lendemain aucun journal ne parla de l'affaire Sarda, et De Clercq prit rendez-vous avec ses camarades pour ce jour vers onze heures du matin, dans une brasserie du faubourg Montmartre. Auparavant, il se chargeait de revoir M. Hemerdinger et de savoir « s'il y avait quelque chose à faire ».

Et quittant ses amis, De Clercq se rendit auprès de son directeur, et celui-ci apprenant qu'Hemerdinger désirait qu'on ne parlât pas de l'arrestation de M. Sarda, dit simplement à son rédacteur, en homme habitué à ce genre de choses : « Faites-vous donner mille francs par Hemerdinger, et nous ne parlerons pas ».

Une heure après, De Clercq était attablé au café Durand avec un de ses amis, et il raconta la réponse de Portalis.

« Mais Portalis ne s'est pas rendu compte de l'importance de l'affaire, dit l'ami. Ça vaut mieux que mille francs ! Fais-toi donner deux mille francs, tu en donneras mille à Portalis et à Girard, et nous aurons cinq cents francs chacun. »

Aussitôt dit, aussitôt fait.

De Clercq tira de sa poche un reçu imprimé au nom du *XIXe Siècle*, il le libella, il écrivit la somme de deux mille francs, et ensuite le remit sous enveloppe au chasseur qu'il pria d'aller porter chez M. Hemerdinger.

La réponse ne tarda pas à venir. Le chasseur rapporta les deux mille francs. On réserva la moitié qui fut donnée le lendemain à Girard; on partagea le reste.

Lorsque De Clercq arriva à onze heures à la brasserie du Faubourg-Montmartre, il entra triomphant, et voici comment il donna l'heureuse nouvelle à ses compères : « J'ai fait suer le cuir ! Vous pouvez y aller ! dit-il en tapant sur son portefeuille ».

Je ne sais pas si tous ceux auxquels se langage s'adressait allèrent voir M. Hemerdinger. Je crois cependant que d'autres que De Clercq ont reçu de l'argent. Mais ce que beaucoup de gens n'ignorent pas, c'est que sur le bruit qui avait été fait autour de l'affaire, il y a eu des gens qui n'ont pas tardé à faire « le coup du syndicat ». M. Trocart n'a pas été, en effet, l'inventeur du genre. Il paraît qu'un syndicat fut organisé, à ce moment, pour faire le silence dans la presse, et ce pseudo-syndicat fut formé par deux personnes dont l'une chargée de toutes les démarches dans les journaux.

C'est pour cela que je crois que l'affirmation de De Clercq au juge d'instruction contre le directeur du *Matin* était une inexactitude.

L'accusation de De Clercq était d'autant moins fondée, que j'ai ouï dire que c'est sur le conseil de ce directeur à Sarda, que celui-ci dénonça les fraudes de la maison Hemerdinger. On peut même ajouter que c'est Sarda qui avait fourni au *Matin* les renseignements contenus dans les articles nombreux publiés par ce journal contre la maison Hemerdinger. Mais Sarda se trouva lui-même compromis, il fut arrêté, et c'est peut-être la seule raison pour laquelle le *Matin* cessa sa campagne.

Quoi qu'il en soit, De Clercq n'a pas été le seul à faire chanter Hemerdinger. Il y en a eu de plus gros et de plus habiles que lui qui ont émargé dans ce chantage. Puisqu'on prétend qu'il y a eu un syndicat, pourquoi ne le cherche-t-on pas? La prescription n'est pas acquise. Il est encore temps de faire la lumière.

*
* *

J'aurais bien voulu terminer ce dernier chapitre par quelques détails sur diverses autres affaires de chantage dont le parquet et le juge d'instruction Doppfer ont ou auront à s'occuper. Mais les détails que je possède ne sont pas assez précis pour être livrés à la publicité. Je me bornerai à les signaler brièvement.

D'abord le chantage dont a été victime M. Ruel, le propriétaire du bazar de l'Hôtel-de-Ville, chantage dont le chiffre serait très considérable. Puis l'affaire Flageollet.

Ensuite celle du syndicat de publicité de l'exposition de Lyon, syndicat formé par des journalistes de Paris et de Lyon, dans le but d'obtenir le concours de toute la presse parisienne, en faveur de l'entreprise. Or, le concessionnaire aurait payé une somme de plus de cent cinquante mille francs et il se plaindrait de ce que, sur cette somme, il n'aurait été remis que très peu de chose à quelques journaux seulement, — les formateurs du syndicat ayant empoché la plus grande partie de l'argent au lieu de le distribuer. M. Canivet serait, paraît-il, compromis dans l'affaire.

Pareil fait se serait passé, dit-on, à propos de l'exposition d'Anvers. Je ne pourrais l'affirmer.

Il me paraît impossible que M. Doppfer puisse faire vite la lumière sur tous ces faits. L'instruction sera longue, et déjà on dit dans les couloirs du Palais-Bourbon, qu'elle ne sera pas terminée lorsque le ministère Dupuy cédera la place à un ministère plus accommodant. Ce ministère, de concentration ou autre, étoufferait l'affaire pour sauver M. Canivet et tous les décorés de Mazas. Nous voilà donc menacés du ministère de l'étouffage !

Le Crédit Foncier a, par conséquent, forte chance de revoir de nouveaux jours d'agrément ; il pourra, sans inquiétude, continuer la corruption de la presse parisienne, qui est son œuvre.

Il ne s'est d'ailleurs pas contenté d'être le

caissier des journaux sans lecteurs, il est aussi le caissier habituel et périodique du ministère de l'Intérieur, aux périodes électorales.

M. Christophle a été à lui seul la caisse électorale de la plupart des ministres de l'Intérieur. Il y en a eu un de ceux-ci cependant, ayant refusé au directeur du Crédit Foncier, qui les lui apportait, plusieurs liasses de gros billets de banque. Si M. Loubet voulait parler, il pourrait en conter long sur ce chapitre et sur cette histoire.

Aussi, je ne veux pas savoir si c'est M. Christophle qui a perdu M. Canivet, ou si M. Canivet a entraîné M. Christophle. Mais, il me semble impossible de les séparer. Il ne suffit pas de mettre l'un à Mazas pour chantage, il faut aussi demander compte à l'autre de ses prodigalités et de ses gaspillages contraires aux statuts de la Société, véritables causes de la corruption qui a occasionné les chantages.

Les fonds secrets ne sont pas à la place Beauvau ; ils sont à la rue des Capucines !

Appendice au Chapitre V

J'ai raconté, dans le Chapitre V, l'histoire d'un publiciste financier qui a été condamné à trois ans de prison, et dont l'influence est aussi considérable que redoutée dans le monde financier.

J'ai dit que cet homme avait été réhabilité, et j'ai trouvé que cette réhabilitation avait été un scandale et une monstruosité.

Ce publiciste est M. Guffroy. Il m'a paru indispensable de publier le jugement de cette condamnation et l'arrêt de cette réhabilitation.

On pourra ainsi apprécier les faits en connaissance de cause.

TRIBUNAL CORRECTIONNEL DE LILLE.

(Extrait de la *Gazette des Tribunaux*).

Audience du 24 juillet.

FRAUDE SUR LA QUALITÉ DES FOURNITURES MILITAIRES. — ABUS DE CONFIANCE. — DÉTOURNEMENT DE FONDS. — COMPLICITÉ. — ENTREPRISE DE CONTREBANDE.

Sur les abus de confiance;

En ce qui concerne F... et Guffroy :

Attendu qu'à la date du 6 octobre 1870, à la suite d'une réunion publique, tenue à Lille, Armand Guffroy et F..., l'un négociant en toiles, l'autre marchand de châles, se sont présentés à la préfecture, offrant spontanément de se rendre en Belgique pour y rechercher s'il y avait des armes;

Qu'ils ont reçu à cet égard, du commissaire général de la défense nationale, une délégation officielle;

Que des sommes considérables ont été mises à leur disposition pour l'exécution de leur mandat;

Attendu qu'à la fin de leurs opérations F... et Guffroy

ont présenté à la Préfecture un compte d'après lequel les sommes reçues par eux se seraient élevées à 1.884.380 fr. 30, sur lesquelles il aurait été dépensé, suivant quittances ou reçus produits, 1.578.780 fr. 67.

Que, pour l'emploi du restant de la somme reçue, il n'a pas été donné de justification; qu'il a été fait à cet égard une déclaration spéciale;

Attendu que ce compte a été suivi d'un arrêté de décharge à la date du 1er mars 1871;

Que, lors de la vérification à laquelle il a été procédé ultérieurement, il a été constaté que sur un paiement de 62.520 francs qui figure dans la liste des dépenses pour la somme intégrale, il avait été remboursé une somme de 41.010 francs qui n'avait point été portée au chapitre des recettes;

Attendu qu'appelés à justifier de l'emploi de cette somme, F... et G... ont, à la date du 11 août 1871, adressé à la Préfecture trois factures constatant des achats de chassepots dont le montant se rapportait exactement à la somme réclamée;

Que la dame M..., tante de Guffroy, et le nommé G... de Bruxelles, signataires de ces factures, ont eux-mêmes reconnu qu'elles avaient été délivrées sur l'indication et la demande de F... et que les achats qui y étaient constatés n'avaient point eu lieu;

Attendu, toutefois, qu'au cours des débats, il a été établi, tant par les dépositions des témoins entendus durant l'instruction, que par des factures saisies et jointes au dossier, qu'un certain nombre d'achats faits par F... et Guffroy ne figuraient pas dans un relevé de leur compte;

Que, suivant Guffroy, le chiffre de ces achats dépassait même beaucoup les sommes à justifier; que cet incident seul suffirait à démontrer que le compte présenté n'est ni exact ni sincère;

Que, cependant, l'absence ou plutôt la destruction de tout contrôle à la préfecture ne permet pas de contester aujourd'hui la livraison des armes prétendument achetées ;

Que, dans ces circonstances, alors que le chiffre des dépenses concorde au moins en apparence avec le chiffre des recettes, il n'est pas suffisamment établi que la somme de 41.040 francs ait été frauduleusement détournée ;

Qu'il en est de même en ce qui concerne une somme de 20 fr. 40, perçue à titre d'intérêt des sommes déposées chez Nagel-Mokers, et non portée en compte ; mais, attendu que, de l'examen des pièces décrites au compte et des investigations auxquelles elles ont donné lieu, il est résulté que quelques-unes des factures produites ont été majorées pour des sommes importantes ;

Qu'une première facture de J..., en date à Liège, 14 octobre 1870, porte le chiffre de 6.720 francs pour cent quarante carabines à 48 francs, alors que la somme réellement payée n'a été que de 4.000 francs seulement ;

Qu'une majoration analogue se retrouve dans une seconde facture postérieure seulement de trois jours à la première, et également relative à des carabines ;

Que le prix réel de 35.280 francs pour huit mille carabines a été élevé à 48.284 francs ;

Attendu que, lors du premier marché qui a été passé par F..., dès son arrivée à Liège, en présence de Guffroy et dont ce dernier a fourni les fonds, il avait été fait une facture véridique au prix de 35 francs par arme ;

Que cette facture a été retrouvée dans une chambre d'hôtel où elle avait été oubliée par F...

Qu'il ne saurait en conséquence y avoir doute sur le prix réel ;

Attendu que le second marché a été intégralement payé par Guffroy, seul à Rotterdam, contre une quittance pour solde ;

Que ce reçu n'énonce pas, il est vrai, la somme payée, mais qu'il résulte des déclarations de J..., nonobstant les allégations contraires de Guffroy, que ce second marché, qui n'est en quelque sorte que la continuation du premier, et qui portait sur le même lot de carabines, a été passé absolument dans les mêmes conditions ;

Que le prix fixé et payé dans l'un ou dans l'autre cas a été de 35 francs seulement par carabine, et que, sur ce prix, Guffroy aurait encore, d'après J..., retenu pour lui une bonification ;

Attendu qu'à ces deux marchés s'en lie un troisième, intervenu entre les mêmes parties, à la date du 19 octobre ; que, cette fois, les deux cents carabines facturées comme les premières au prix de 48 francs, ont été en réalité vendues par J..., non plus 25 francs, mais bien 40 francs ;

Attendu que les factures jointes au compte ont été de la main même de J... fabriquées après coup sur la demande de F..., qui se présentait alors comme simple commerçant ;

Qu'une majoration bien autrement considérable a été constatée sur un marché de 5.000 fusils Geisenheime, qui fait l'objet de deux factures; ensemble 103.000 francs, à la date du 29 novembre 1870 ;

Que la somme réellement versée n'a été que de 83,000 fr. seulement, ainsi que les livres G... en font foi ;

Que cette somme représentait le prix de 16, 60 c. par fusil, accepté par Guffroy à la suite de l'annulation d'un premier marché à 16 fr. passé par lui, conjointement avec F... ; que le paiement a été fait par Guffroy seul, qui, après avoir anéanti le marché, a dicté à G... les deux factures majorées jointes à l'appui du compte, et une troisième facture autrement libellée, retrouvée plus tard au domicile de F.

Attendu, enfin, qu'à la date du 23 décembre figure une facture de mille deux havre-sacs pour 15.141 francs;

Qu'il est établi par les livres de Joussart vendeur, que le prix payé par F... a été de 12.077 francs seulement;

Attendu que ces majorations, qui atteignent ensemble le prix de 39.788 francs, démontrent à l'évidence l'intention frauduleuse des mandataires de la préfecture et n'ont eu pour objet que de préparer et de faciliter les détournements consommés par la remise du compte;

Que si, dans ces actes préparatoires, on voit intervenir plus directement la personnalité de F. ou de Guffroy, il ressort de tous les faits de la cause que l'un a pu ignorer les agissements de l'autre;

Que, durant tout le cours de leur mandat, il existait entre eux une association se traduisant par la raison sociale : F. et Guffroy, chacun d'eux signant et payant indifféremment les marchés passés par son associé;

Que le compte présenté par eux à la suite de leurs opérations a été dressé en commun;

Que la lettre adressée le 11 août 1871, en réponse aux justifications qui leur étaient demandées, a été signée par tous deux;

Que, de toutes circonstances, il résulte que les détournements effectués à l'aide des majorations sus-mentionnées, l'ont été par suite d'un concert frauduleux entre F. et Guffroy, qui en ont partagé le prix en commun;

Attendu que tous deux ont, en outre, de l'aveu même de F. reçu de J... des commissions importantes sur les marchés qu'ils ont passés avec lui;

Que ces prétendues commissions ne sont en réalité qu'un partage de bénéfices perçus par J... sur les opérations d'armes qu'il faisait pour la préfecture et dans lesquelles il n'a été qu'un intermédiaire de plus;

Que J...., en effet, qui représente à Liège une maison

étrangère au commerce des armes, n'a jamais rien livré de lui même, en dehors des 1.148 carabines dont il a été parlé ;

Qu'une grande partie ces armes fournies par lui ont été achetées chez D... ;

Que la différence entre les prix facturés à la Préfecture et ceux auxquels J... achetait lui-même s'élève à environ 19 0/0, y compris sa commission ;

Que cependant J., grâce à F... et à Guffroy, était devenu le fournisseur ordinaire et presque unique de la préfecture, qui, à partir du 29 novembre, lui avait ouvert un compte ;

Que l'ensemble des marchés passés avec lui s'élève à plus d'un million ;

Que suivant les déclarations de J.. lui-même, qui n'en a pas tenu compte, les sommes remises tant à F. qu'à Guffroy sur ces divers marchés, se sont élevées à environ 100,000 francs, soit à peu près 10 0/0 ;

Attendu que si Guffroy et F... ont, durant l'instruction, contesté le caractère officiel du mandat dont ils étaient investis, ils n'en ont jamais dénié la gratuité ;

Qu'en leur qualité de mandataires, ils étaient tenus de faire compte de toutes les sommes qui leur étaient remises à l'occasion de l'exécution de leur mandat ;

Qu'en conservant par devers eux, à titre de commissions, des sommes qui devaient venir en déduction des prix payés par la préfecture, F. et Guffroy ont de ce chef encore commis des détournements qui, comme les premiers, rentrent dans les cas prévus par l'art. 408 du Code pénal, et présentent par leur chiffre et les circonstances mêmes dans lesquelles ils ont été accomplis, un haut caractère de gravité ;

. . . .

Sur les délits de fournitures ;
En ce qui concerne F... et Guffroy ;

Attendu que F... et Guffroy, dont on ne saurait nier l'influence à la préfecture, où Guffroy avait, à titre de secrétaire officieux, libre accès dans le cabinet du préfet et du secrétaire général, en ont profité pour obtenir un certain nombre de marchés à des prix plus élevés que ceux qui étaient accordés à d'autres fournisseurs ;

Attendu qu'ils ont pris, l'un et l'autre, une part active dans ces fournitures ; qu'ils en ont partagé les bénéfices ; que, dès lors, il n'y a lieu de se préoccuper du titulaire de chacun de ces marchés, qui ont été régulièrement dénoncés par le Gouvernement, conformément à l'article 433 ;

Attendu que, le 31 octobre 1870, Guffroy a conclu avec le préfet du Nord un marché de 8.000 paires de souliers au prix de 10 fr. 50 ;

Qu'au lieu de 8,000, il en a été livré 16.840 paires, sans autre convention écrite ;

Attendu que, bien qu'un seul type eût été présenté, F... et Guffroy ont livré des souliers de qualité et de forme notablement diverses qu'ils avaient payés 6 fr. 50, 3 fr. 75 et 9 fr. d'après les factures produites ;

Attendu que si l'ensemble de la fourniture était de qualité médiocre, deux parties surtout ont été reconnues particulièrement mauvaises : l'une de 1000 paires provenant de la maison H... et Cie de Londres, l'autre de 700 paires de la maison P..., d'Iseghen ;

Attendu que les souliers d'H..., ont les semelles étaient en cuir factice et les contreforts en carton, n'avaient aucune consistance ;

Que distribués à Fampoux et formellement reconnus à l'audience par plusieurs mobilisés, ils ont été complètement détériorés après un service de vingt-quatre heures seulement ;

Attendu que, s'il est établi que ces souliers ont été achetés par Guffroy lui-même, sur un type qui lui avait été adressé de Bruxelles par L... M.... et facturés en son nom, le 29 novembre, il est résulté des débats que F... lors du marché, avait été averti, à Bruxelles, de leur mauvaise qualité ;

Attendu qu'il a été constaté par les experts que les souliers noirs provenant de P... ont été fabriqués avec du mauvais cuir, et sont des rebuts de magasin, ayant huit à dix ans de fabrication, complètement dénaturés et sans valeur ;

Que ces chaussures ne sont entrées dans les magasins de la nouvelle préfecture qu'à l'aide d'une fraude consistant à les dissimuler dans des paniers au-dessous d'une couche d'autres souliers de meilleure qualité ;

Attendu que deux jours après ce marché de chaussures, le 2 novembre, Guffroy, qui se trouvait à Liège avec B.... en a obtenu un second concernant la fourniture de 30,000 ceintures de flanelle au prix de 2 fr. 70 l'une, alors que la dame M... s'était engagée à les leur livrer à 1 fr. 70 ;

Attendu que ce marché a été confirmé par le préfet et porté à 35,000 le 7 novembre, puis augmenté de 5,000 le 12 novembre, et qu'en réalité il a été fourni 42,281 ceintures ;

Attendu que pour remplir le complément de la fourniture il a passé un second traité avec la dame G..., à la date du 12 novembre, aussi au prix de 1 fr. 70 ;

Que les termes même de ce traité, en dehors du prix stipulé, dénotent l'esprit de fraude qui y a présidé ; qu'il est dit, en effet, que ces ceintures devront être en qualité moyenne des échantillons présentés ;

Attendu que bien que le marché originaire semble indiquer l'existence d'un type, il n'a point été présenté ;

Attendu que loin de fournir des flanelles qui fussent en rapport avec le prix élevé qui lui était accordé, Guffroy en a livré d'une qualité grossière et bien inférieure à celles de l'armée lesquelles, d'étoffes meilleures et d'une façon beaucoup plus dispendieuse, ne coûtaient alors que 2 francs;

Attendu que les experts commis à l'effet d'examiner ces ceintures les ont divisées en sept catégories de longueurs et de qualités diverses dont quatre, assez solides, pouvaient être d'un usage passable; mais les trois autres, d'une qualité laissant à désirer, ne devaient produire que peu de durée;

Qu'on ne saurait s'étonner de ce que ces ceintures n'ont donné lieu à aucune plainte de la part des mobilisés auxquels elles ont été distribuées, puisqu'elles n'étaient qu'un complément non indispensable de costume, et que, pendant le peu de temps qu'elles ont été en usage, elles leur ont procuré un bien-être relatif;

Attendu que F... a partagé les bénéfices de cette fourniture; qu'il en a suivi quelques opérations, et que, par ses relations avec Guffroy, il n'a pu en ignorer les détails;

Attendu qu'il a été conclu un troisième marché concernant 3,000 costumes au prix de 41 francs;

Que ce marché préparé et signé le 8 novembre par F..., a été accepté le 9 par l'intermédiaire de Guffroy, qui lui a télégraphié de Bruxelles;

Attendu qu'il n'y a lieu de s'arrêter aux termes du marché qui faisaient supposer l'existence d'un type;

Qu'il est constant en fait que ce type spécial n'a pas été déposé;

Attendu que le drap des costumes fournis par D... N... a été reconnu de bonne qualité;

Mais attendu que ces costumes n'avaient ni doublures ni poche-cartouchière, ce qui était alors exigé pour toutes les fournitures de ce genre;

Qu'ils ont été refusés pour ce motif par le chef des magasins; qu'ils n'ont été reçus que sur l'ordre du préfet induit en erreur par F..., qui lui indiquait comme motif unique du refus, l'absence d'un marché dont il lui a été justifié ;

Attendu que le défaut de doublures et de poche cartouchière était de nature à diminuer l'usage et la durée des vêtements ;

Attendu que les agissements de F... et le soin que Guffroy a pris de faire mandater le prix des dits costumes sur de simples récépissés provisoires, afin de les soustraire à tout examen, constituent, de la part de l'un et de l'autre, des manœuvres frauduleuses qui ont eu pour but et pour résultat la livraison d'une fourniture impropre au service militaire et, par suite, la réalisation à leur profit d'un surcroît de bénéfices de 2 fr. 15 c. par costume, prix de la doublure et de la poche-cartouchière ;

Attendu que la différence entre le nombre des costumes livrés et celui des costumes dont le prix a été mandaté peut être le résultat d'une erreur de calcul ;

Que dans le doute la prévention de fraude sur la quantité doit être écartée ;

Mais attendu que de tout ce qui précède, il résulte que F... et Guffroy ont ensemble et de concert, en 1870, à Lille, commis des fraudes sur la qualité des chaussures, des ceintures de flanelle et des costumes qu'ils ont fournis à la Préfecture du Nord pour le service des armées de terre ;

Que ces faits tombent sous l'application de l'article 433 du Code pénal, lequel laisse au juge du fait la libre et complète appréciation de l'esprit de fraude du fournisseur ;

Sur les délits de contrebande :

Attendu qu'à la suite d'une saisie de chaussures, opérée le 2 février 1871, par les agents de la douane, et suivie de transactions, il a été constaté qu'antérieurement, en novembre et décembre 1870, et en janvier 1871, il a été introduit en France, en fraude des droits de douane, une grande partie des marchandises fournies par F..., Guffroy et V...

Attendu que Guffroy reconnaît que 2.002 tuniques, 2.002 pantalons, 19.646 ceintures de flanelle, 3.369 paires de chaussures ont été pour son compte et pour celui de F., son associé, soustraits au paiement des dits droits ;

Attendu que ces introductions ont été faites à l'aide d'un laissez-passer confié à Guffroy par B... et destiné à faciliter l'entrée des armes achetées en Belgique ;

Attendu que les faits de contrebande sont surabondamment établis à l'égard de F... par les aveux de Guffroy, par la constatation des faits matériels, par les témoignages entendus, bien que les importations antérieures au 2 février n'aient fait l'objet des procès-verbaux émanant des agents de l'administration des douanes ;

Attendu qu'en dehors de la participation à des faits de fraude dont il s'est rendu coupable conjointement avec Guffroy, F... a introduit frauduleusement en France 8.281 paires de chaussures du marché conclu avec la préfecture par lui et V...

Attendu que l'intervention tardive de V..., sa démarche à Toufflers, après la saisie du 2 février, et sa lettre au préfet ne suffisent pas pour démontrer qu'il ait connu la façon frauduleuse dont F... introduisait en France les chaussures qui leur appartenaient en commun ;

Que, dès lors, la participation au fait de contrebande ci-dessus spécifié n'est pas suffisamment établie ;

Sur la complicité de B... dans les faits d'abus de confiance :

Attendu que B..., secrétaire général de la préfecture du Nord, depuis le 23 septembre 1870, préfet par intérim, après le 10 février 1871, a été spécialement chargé de pourvoir à l'armement de la garde nationale mobilisée ;

Qu'il s'est, à ce titre, trouvé dès son entrée en fonctions

en relations directes et presque constantes avec F... et Guffroy, délégués en Belgique à la recherche des armes ;

Attendu que s'il est naturel d'admettre que B... leur accordât tout d'abord sa confiance, on ne saurait se dissimuler qu'il a franchi toutes les limites de la prudence :

En concédant le 2 novembre à Guffroy un marché de ceintures de flanelle dans des conditions fâcheuses ;

En signant le 6 novembre un laissez-passer écrit par Guffroy, destiné en apparence au directeur des douanes et à la libre entrée en France de caisses de fusils ; mais, en réalité, confié à Guffroy, qui en abusait pour accomplir des actes nombreux de contrebande ;

En signant contrairement aux règles de la comptabilité et sur le vu de la mention : « Bon à mandater ou rendu définitif, » écrite par Guffroy, des récépissés provisoires délivrés pour des costumes fournis par F... et par Guffroy ;

En intervenant le 19 mars, après la saisie à Toufflers, de chaussures appartenant à F... et à V..., introduites en fraude, en faveur des employés des douanes menacés pour avoir toléré l'usage du laissez-passer dont il vient d'être parlé ;

Attendu que ces preuves d'une confiance excessive se conçoivent d'autant moins que, dès le début des opérations sur les armes, cette confiance pouvait être ébranlée ;

Qu'à la fin d'octobre 1870, son attention était sollicitée à Lille par les plaintes sur l'état défectueux des fusils de Liège ;

Qu'il en télégraphiait à F... en l'engageant à surveiller les contrôleurs ;

Que ceux-ci se rendaient aussitôt à Lille dans son cabinet particulier, et lui dénonçaient F... comme prenant livraison malgré leurs observations sur la qualité des armes ;

Attendu que les rapports constants de F... et G... avec J..., qui exigeait des prix supérieurs à ceux des autres fournisseurs, étaient de nature encore à éveiller son attention ;

Attendu qu'il reconnaît avoir reçu communication d'une lettre adressée de Liège, le 2 février, par B... à son agent L..., lettre relative aux agissements de F... et G.. avec J..., dans laquelle on lit :

« Dans cette affaire, il y a une question de bénéfice à
« partager entre ces trois hommes; je vends mes fusils
« 100 francs, pris à Liège, je sais qu'ils sont revendus
« 118 francs par G... et F..., soit 18 francs à partager...
« dites tout cela à M. B..., lisez-lui la présente. »

Attendu qu'au lieu de faire vérifier à Liège l'exactitude des faits révélés, B.. s'est contenté de mettre la dénonciation sous le yeux de F... et de G... et d'écrire à B... pour le mettre en demeure de fournir des preuves à l'appui de sa délation contre ceux qu'il appelle ses amis ;

Que le projet de cette lettre, en entier de la main de B..., a été retrouvé dans les papiers saisis chez F... ;

Attendu encore que, le 6 février, le commandant Q..., informé par le colonel M... des bruits fâcheux qui circulaient à Liège sur le compte de J..., en a donné aussitôt connaissance à B... ;

Attendu que, le 10 février, une lettre de B..., offrant de produire ses livres, afin d'établir, par des comparaisons de prix, les abus commis au préjudice du département, a été laissée sans réponse ;

Attendu que, malgré ces faits, dont il dénierait en vain la gravité, B... n'a pas modifié son attitude envers F... et Guffroy ;

Qu'il a accepté leur compte, bien qu'il contenait des lacunes graves relevées par la prévention, et que le seul aspect des factures produites à l'appui fût de nature à donner des doutes sérieux sur leur sincérité ;

Qu'il a signé, sans demander de plus amples justifications,

les deux arrêtés de décharge que F... et Guffroy ont constamment invoqués depuis comme leur assurant l'immunité;

Attendu que les faits qui précèdent contiennent des éléments sérieux de présomption à la charge de B...;

Mais attendu qu'il n'est pas établi qu'il ait, en aucune circonstance, participé aux détournements relevés à la charge de F... et de Guffroy, de complicité avec J...;

Qu'il ne résulte ni des faits de la cause, ni des déclarations de J... et d'autres, ni des documents produits, qu'il lui ait été fait remise d'une partie quelconque des commissions perçues sur les marchés et qu'il en ait eu connaissance;

Que les arrêtés de décharges qu'il a signés ont été préparés dans les bureaux, et que le surcroît de besogne qui lui incombait, ne lui permettait pas de se livrer à un examen plus sérieux du compte qui avait été soumis à la vérification de l'un de ses employés;

Par ces motifs

Le Tribunal se déclare compétent quant à la complicité d'abus de confiance relevée à la charge de J...., de G... et la dame M...

Incompétent quant aux fraudes sur la qualité des fusils vendus par ledit G...;

Acquitte G..., la dame M..., V... et B... sans frais;

Acquitte F... et Guffroy des chefs de complicité de fraude sur la qualité des objets par eux fournis pour le service des armées;

Déclare F... et Guffroy coupables d'abus de confiance;

J... de complicité d'abus de confiance;

F... et Guffroy coupables encore de fraudes sur la qualité des souliers, des ceintures de flanelle et des costumes fournis par eux pour le compte des armées de terre;

Coupables d'avoir participé comme intéressés à des faits de contrebande;

F...., en outre, coupable de fraude sur la qualité des souliers fournis par lui et V... pour le compte des armées;

En ce qui concerne F... et Guffroy, et en dehors des faits de contrebande;

Attendu qu'en cas de conviction de plusieurs délits, la peine la plus forte doit seule être prononcée.

Condamne, des chefs d'abus de confiance et de fraude sur la qualité des fournitures militaires :

F.. à l'emprisonnement pendant cinq ans;

Guffroy à l'emprisonnement pendant trois ans;

J...., à l'emprisonnement pendant un an;

Chacun solidairement et par corps à une amende de 5.000 francs;

Fixe à deux ans la durée de la contrainte;

Du chef de contrebande :

Condamne F..., et Guffroy chacun à un mois d'emprisonnement solidairement et par corps à une amende de 121.248 fr. 50,

Savoir :

62.062 fr. pour les costumes;

33.388 fr. pour les ceintures flanelle;

25.798 fr. 50 pour les souliers;

Condamne F... seul à une autre amende de 45.545 fr. 50 pour les souliers V...;

Fixe à deux années la durée de la contrainte;

Prononce la confiscation des objets introduits en fraude, à la charge par l'administration des douanes d'en établir l'identité;

Déclare F... et Guffroy incapables de se présenter à la Bourse, d'exercer les fonctions d'agent de change ou de courtier, de voter dans les assemblées tenues pour l'élection des commerçants ou des prud'hommes et d'être élus pour aucune de ces fonctions ;

Statuant sur les conclusions de la partie civile :

Attendu que l'Etat qui, par la loi du 11 septembre 1871, a été chargé de supporter les dépenses imposées d'abord aux départements et aux communes pour l'armement et l'équipement de la garde nationale mobilisée, se porte partie civile ;

Qu'il réclame des dommages-intérêts tant à raison des détournements effectués par F... et Guffroy, de complicité avec J... à l'occasion du mandat dont ils avaient été investis, qu'à raison du préjudice résultant de la mauvaise qualité des fournitures ;

Qu'il a droit :

Que le tribunal possède, dès à présent, des éléments suffisants d'appréciation :

Condamne F... Guffroy et J..., solidairement et par corps, à payer à l'Etat, à titre de restitution pour les détournements effectués, la somme de 100.000 francs ;

F... et Guffroy, en outre, au même titre et solidairement et par corps entre eux la somme de 39.798 francs ;

Condamne encore F... et Guffroy, solidairement et par corps, à payer à l'Etat, à titre de dommages-intérêts, pour la fraude sur les fournitures de souliers, de ceintures de flanelle et de costumes, faites par eux en commun, la somme de 85.000 francs ;

Condamne de plus F... seul à payer à l'état une somme de 151.280 francs à titre de dommages-intérêts sur la fourniture faite au nom de V... ;

Dit que moyennant le paiement de cette somme, les 19.905 paires de chaussures fournies devront lui être restituées ;

Fixe de ce chef la durée de la contrainte par corps à deux ans ;

Condamne F..., Guffroy et J... solidairement aux frais, dont trois quarts à la charge de F... et Guffroy, et un quart à la charge de J.

Dit que la partie civile et l'administration des douanes seront tenues desdits frais, sauf leur recours contre les condamnés.

Le jugement du tribunal de Lille fut confirmé par la Cour d'appel de Douai, en janvier 1874 ; il fut cassé par la Cour de cassation et renvoyé devant la Cour d'appel d'Amiens qui condamna le sieur Guffroy, le 6 août 1874, à trois ans de prison.

ARRÊT DE LA COUR DE PARIS

La Cour,

Vu la demande de réhabilitation présentée le 2 mai 1888 par M. Guffroy, condamné le 8 janvier 1873 par la Cour d'appel de Douai, à un mois de prison pour fraude, et le 6 août 1874 par la Cour d'appel d'Amiens à trois ans de prison et trois mille francs d'amende pour abus de confiance et fraude sur les fournitures militaires.

Vu les articles 619, 634 du Code d'instruction criminelle,

Considérant que les attestations exigées par la loi sont régulières et que les circonstances légales existent,

Considérant que depuis M. Guffroy s'est constamment bien conduit,

Prononce la réhabilitation.

Cet arrêt de réhabilitation est, dans sa teneur, la plus terrible des condamnations.

TABLE DES MATIÈRES

CHAPITRE Ier

La presse d'autrefois et la presse d'aujourd'hui. — Les journaux à trois sous et les journaux à bon marché. — La nouvelle presse à un sou. — Les journaux à informations télégraphiques de province. — Concurrence à la presse de Paris.................................... 5

CHAPITRE II

Les diverses sources de recette d'un journal parisien. — L'abonnement. — L'annonce — La réclame. — Le Bulletin financier. — Les Fonds secrets du Gouvernement. — Les subventions des Gouvernements étrangers. — La Société des bains de mer et du Casino de Monaco. — Les campagnes de presse. — Vénalité de certains journaux. — Distinction nécessaire entre les journalistes et les directeurs. — Les professionnels................ 12

CHAPITRE III

Division de la Presse en trois catégories. — Les journaux qui sont prospères. — Les journaux qui font les frais. — Les journaux qui vivent d'expédients — Pénible métier des professionnels. — Les directeurs des journaux qui vivent d'expédients. — Portrait d'un Directeur. — Une visite au Crédit Foncier. — Une course au ministère de l'Intérieur. — Comment on se procure vingt-cinq mille francs dans une matinée. — Les dix mille francs du général Boulanger, ministre de la Guerre. — Les journaux subventionnés par les banques. — Le Journal le *Soir* et la Société de *Panama*. — Les journaux du Crédit de France et du financier Lepelletier..... 23

CHAPITRE IV

La réclame dans les journaux — Les courtiers de publicité — Un ancien rédacteur du *Figaro* et de l'*Evénement*. Quelques anecdotes. — Les courtiers d'annonces maîtres-chanteurs. — Le chantage sur les poêles mobiles. — Le chantage du poêle-manivelle — Le traité de publicité ou l'éreintement 30

CHAPITRE V

La presse financière. — Les grands organes de la finance. — Les journaux financiers à bon marché. — Les journaux des Banques. — L'Académie Nationale de Chant — Distribution de la publicité financière. — Les distributeurs de publicité. — M. Gustave Batiau. — Les journaux intermittents. — La veille d'une émission. — Un incident de la première émission de Panama. — Le député et le journaliste. — La visite aux directeurs du Panama. — Le chèque de vingt mille francs. — La peur du chantage. — Les mensualités. — Un publiciste financier. — Ses états de service. — Ses débuts dans le monde de la finance. — L'actionnaire aux réunions annuelles. — Le président de la Chambre syndicale des banquiers-changeurs de Paris. — Quatre journaux financiers. — Les fournitures de l'armée du Nord. — Trois ans de prison. — Réhabilité et officier d'Académie ! — Un candidat de l'agence Cesti. 50

CHAPITRE VI

Les agences d'informations. — L'Agence Havas. — Son organisation. — L'Agence libre. — La lutte avec Ewig. — L'agence Dalziel. — Son succès éphémère. — Le coup de la *Cocarde*. — L'Agence Nationale.   70

CHAPITRE VII

Les agences d'informations parlementaires. — L'agence Toulouse. — Les nègres de Toulouse. — Les chéquards de Panama. — Les décorés. — La réception du matin au ministère de l'Intérieur. — Les députés réclamards. — Le Salon de la Paix. — Arton. — La liste de publicité du rapport Flory   80

CHAPITRE VIII

Les Décorations et les Commanditaires de journaux. — Les grands Industriels. — Les Directeurs temporaires .   100

CHAPITRE IX

Quels sont les journaux qui font du chantage. — Les besoins de quelques directeurs. — Comment on en arrive au chantage. — L'Ecumeur d'affaires. — C'est le premier chantage qui coûte. — Le record des maîtres-chanteurs.   104

CHAPITRE X.

Le journal le *XIXe Siècle*. — Edmond About. — La nouvelle Société constituée par MM. Portalis et Girard. — Le Passé de M. Portalis. — L'*Electeur libre*. — La *Vérité*, l'émeute du 21 octobre et la nouvelle de la reddition de Metz. — Le *Corsaire*. — La *Constitution*. — L'*Avenir National*. — Un Vol à Versailles. — Les deux Républiques. — La *Vérité* (2me série). — M. Portalis et son imprimeur. — Le coup du *Petit Lyonnais*. — M. Portalis lanceur d'affaires financières. — La Société du Café de la Paix.   113

CHAPITRE XI

L'achat du *XIXᵉ Siècle*. — L'affaire Wilson. — La demande de cinq cent mille francs. — Les nouvelles de scandales judiciaires ou policiers. — Le chantage Secrétan. — La cause du krach de la Société des Métaux et du Comptoir d'Escompte.................. 137

CHAPITRE XII

Les vingt-cinq mille francs du général Boulanger. — Le Divorce. — L'élection de Gien. — La main levée des hypothèques...................................... 150

CHAPITRE XIII

Le chantage du « Comptoir National d'Escompte ». — Les affiches contre le gouvernement portugais. — Le comte de R... et l'emprunt « Don Miguel ». — La visite au comte de Burnay................................... 156

CHAPITRE XIV

La campagne du *XIXᵉ Siècle* contre le *Petit Journal*. — Un bandit, par M. Ernest Judet. — Un mot de cavaillerie. — Le procès Portalis-Laurent 162

CHAPITRE XV

L'influence politique du *XIXᵉ Siècle*. — L'affaire Pelloree. — Le chantage Circaud. — La campagne contre le « Crédit Lyonnais ». — La demande de cinq cent mille francs au Crédit Foncier. — Le chantage de l' « Alliance Financière ». — Le suicide du directeur, M. Boulan. — Le jugement constatant le chantage................. 169

CHAPITRE XVI

Le Chantage sur les Casinos et les Cercles. — La Campagne des lettres du « Vieux Ponte ». — Cercles ouverts et Cercles fermés. — Les attaques contre les frères Bertrand. — Le Syndicat Trocart. — Les deux réunions au restaurant Bignon. — Treize journaux. — Les 50,000 francs du *XIXᵉ Siècle* et les 18,000 francs du *Radical* — Le Chantage Bertrand. — Le chèque de 70,000 francs — Les attaques contre MM. Bloch et Crémieux. — Les 500 francs de De Clercq. — Le Chantage de Sammarcelli. — Le Scandale des camelots à Vichy. — Le « Vieux Ponte » et le Cercle de l'Escrime. — La plainte de M. Bloch .. 181

CHAPITRE XVII

Les 300,000 francs du Panama et M. Floquet. — Le passé de M. Canivet. — Le rédacteur de la *Commune*, du *Citoyen* et de la *Vérité*. — Le sous-exécuteur de Portalis au *XIXᵉ Siècle*. — Le Secrétaire de la Commission des Chemins de fer. — Canivet. — Jacques Meyer et la campagne de baisse contre la Banque de France. — Le syndicat Joubert. — L'agent du Crédit Foncier. — L'homme indispensable de M. Floquet. — L'intermédiaire entre M. Christophle, le Ministre de l'Intérieur et les Journaux. — Canivet de Saint Lazare. — La polémique avec Rochefort. — M. Victor Simond, directeur du *Radical*. — Les irréductibles de l'emprunt de la Ville de Paris. — 227,800 francs de publicité pour Panama. — L'éclairage au gaz et à l'électricité Popp. — Un sportman. — Le propriétaire d'*Alcali*. — Le *Radical-Sport*. — Le camp de 300,000 francs. — Arton dupé. — L'entrevue avec M. Floquet. — La répartition. A qui le solde ? — La transformation du journal *Paris* MM. Edmond et Arthur Veil-Picard. — La polémique Wilson. — L'engagement de 20,000 francs pour être décoré. — L'intervention cachée de M. Christophle. — La vente du journal *Paris*. — La décoration de M. Arthur Veil-Picard. — La campagne contre l'absinthe Pernod. — L'achat par MM. Veil-Picard de la marque Pernod. 221

CHAPITRE XVIII

Le *Gil Blas*. — Les échos du *Diable Boiteux*. — Le Bottin de la galanterie. — Le moyen d'avoir un chèque aux émissions. — Le chef d'orchestre et les rabatteurs. — Le casuel et le certain. — Toutes les cordes de la lyre. — Les scandales du grand monde. — Le chantage sur une grande dame. — Les soirées de Mme M... éclairées à *giorno*. — Les maisons de passe dans le *Gil Blas* — Le *Diable Boiteux* et les roulettes clandestines. — Les déménagements des entremetteuses. — L'exploitation des casinos et des cercles. — L'affaire du Palais Marie-Christine. — L'invite à M. Sicre. — Les voyages des aigrefins de la palette. — Ostende et Biarritz. — Le baron Ravault. — L'affaire de 1892. — Un portrait du baron de Vaux. — Puffisme et fumisterie. — Un faux baron. — Un ancien rat de cave de la commune. — La douairière et la baronne. — Chevalier du Mérite agricole ! — MM. Albiot et Desfossés. — Les sociétés de M. Albiot. — La dernière faillite. — Sus aux voleurs ! 259

CHAPITRE XIX

L'Affaire Allez. — La divulgation par le *XIXe Siècle*. — Les rumeurs et les détails dans tous les bureaux de rédaction. — Les démarches de Canivet et de ses amis pour étouffer l'affaire. — La plainte de M. Canivet. — La visite de M. Allez fils à un directeur de journal. — La répétition du coup Arton-Floquet. — Le mandat de comparution et la voiture ministérielle. — La perte au jeu de M. Canivet. — Un ami de MM. Allez. — Une conversation avec M. Hébrard. — Arrestation de M. Canivet. — M. Canivet et le Crédit Foncier. — Un scandale plus fort que Panama. — L'affaire Sarda-Hemerdinger. — La version de De Clercq. — L'apéritif chez

Durand. — La visite à Hemerdinger. — Le reçu de 2,000 francs. — Le Syndicat Hemerdinger. — Il est encore temps de faire la lumière. — L'affaire Ruel. — Le Syndicat de l'Exposition de Lyon. — La caisse électorale des ministres de l'Intérieur. — Les fonds secrets sont à la rue des Capucines..................... 302

Imp. LAMBERT, ÉPINETTE et Cie, 231, rue Championnet, Paris.

A. CHARLES, Libraire
8, Rue Monsieur-le-Prince, PARIS.

Pour paraître prochainement
LE DEUXIÈME VOLUME DES
" COULISSES DE LA PRESSE "

DERNIÈRES NOUVEAUTÉS

H. d'Argis....	Gomorrhe..................	1 vol. in-12	3.50
Bernard......	L'antisémitisme démasqué	»	3.50
M. de Belleval	Récits de mon aïeul.....	»	3.50
id.	Monsieur l'abbé.........	»	3.50
Eug. Billard..	Léon XIII et le désarmement	1 b. in-8	1.50
l'Abbé Delory.	La politique et ses principes....		3. »
Dupas........	Pourquoi n'a-t-on pas pu arrêter Arton in-12.................		3. »
Erasme et Pagès de Noyez	Nos sous-officiers....	in-12	3.50
l'Ermitage.....	Revue mensuelle...........		0.80
J. Garnier....	Le Grand Méhu...........	in-12	3.50
Guyard.......	Histoire du monde........	in-8	7. »
Meyrat.......	Dictionnaire national des communes de France...........	in-12 cart.	6. »
Montifault....	La Baronne de Livry......	in-12	3. »
Martin.......	Cantiques impies.........	in-12	3.50
Michel Jice...	Epilogue d'une élection...	in-12	3.50
M. Mouton....	Tendresses et Rancœurs...	in-12	3.50
Louis Noll....	Résurrection.............	in-12	3.50
Aug. Pianelli..	Vérane...................	in-12	3.50
Rebell.......	Chants de la pluie et du soleil..	in-12	3.50
O. Sachs.....	Un amour dans une maison de fous	in-12	3.50
Ed. Sylvin...	Lucile Calvan............	in-12	3.60
Eug. Trolard..	Mémoires d'un inspecteur des finances in-12.............	in-12	3.50

Envoi franco contre mandat ou timbre-poste.

www.ingramcontent.com/pod-product-compliance
Lightning Source LLC
Chambersburg PA
CBHW060452170426
43199CB00011B/1179